नाट्यानुवाद सिद्धांत और विवेचन

नाट्यानुवाद सिद्धांत और विवेचन

प्रो. (डॉ.) ए. अच्युतन

वाणी प्रकाशन

वाणी प्रकाशन
4695, 21-ए, दरियागंज, नयी दिल्ली 110 002
शाखा
अशोक राजपथ, पटना 800 004
फ़ोन: +91 11 23273167 फ़ैक्स: +91 11 23275710
www.vaniprakashan.in
vaniprakashan@gmail.com

NAATYANUVAD SIDDHANT AUR VIVECHAN
by Prof. (Dr.) A. Achyutan

ISBN : 978-81-8143-600-9

Criticism

संस्करण 2007
आवृत्ति 2013

मूल्य : ₹ 150

न्यू कृष्णा ऑफ़सेट, दिल्ली-110 093 में मुद्रित

वाणी प्रकाशन का लोगो मक़बूल फ़िदा हुसेन की कूची से

भूमिका

नाटक दर्शक सापेक्ष कला है। नाटककार अभिनेता और नाट्य प्रस्तुति से संबद्ध अन्य कलाकारों के साथ प्रेक्षक भी प्रदर्शन के सामूहिक कार्य में शामिल हो जाता है। एक सामूहिक कला होने के नाते नाटक के मूल्यांकन या नाट्यानुवाद के मूल्यांकन की दृष्टि भी समग्र होनी चाहिए। इस दृष्टि से नाट्यानुवाद के मूल्यांकन के सैद्धांतिक विवेचन के साथ भारतेंदु के नाट्यानुवाद का अनुशीलन करने का यह विनम्र प्रयास है। भारतीय कला दर्शन काव्य, नाटकादि जीवन को उन्नत करने में सार्थकता और संपन्नता अनुभव करता है। इसलिए हमारे लिए जीवन प्रवाह असतो मा सद्गमय, तमसो मा ज्योतिर्गमय, मृत्योर्माऽमृतंगमय है। प्राण में जो गति है, गति के कारण जो चलन है उससे भारतीय कला और साहित्य साक्षात्कार करना चाहते हैं। नाटक इसी गति और चलन की कला है। हमारे पूर्वजों ने जान लिया कि ऋतु का संतुलन बनाए रखने के लिए ताल और लय (शिव और शक्ति) (पुरुष और स्त्री) का संयोग सही अनुपात में बनाए रखना जरूरी है। तांडव और लास्य दोनों प्रकृति में ही शामिल हैं। सृजन और संहार, संहार और सृजन यह चाक्रिक प्रक्रिया प्रकृति का नियम है। इसका संतुलन ही जीवन है। 'नाट्य' का प्रथम चरण 'नृत्त' इसी तत्त्व का उद्घाटन करता है। नाटक अपने आप में विस्तृत एवं समग्र विषय है। इसके एक पक्ष को उजागर करने की कोशिश मैंने की है।

संस्कृत, अंग्रेज़ी तथा भारतीय भाषाओं से जितनी उपादेय रचनाओं का अनुवाद हिंदी में उपलब्ध है उतना किसी अन्य भाषा में शायद नहीं पाया जा सकता। अनुवाद के साथ अनुवाद अध्ययन के क्षेत्र में भी आजकल विद्वान लोग सृजनात्मक एवं सार्थक अध्ययन-दृष्टि डाल रहे हैं, यह शुभ-सूचक है। लेकिन नाट्यानुवाद के अध्ययन, अनुसंधान के क्षेत्र में बहुत कम ही अध्ययन हुआ है।

प्रस्तुत अध्ययन के द्वारा इस उपेक्षित क्षेत्र को आगे बढ़ाने का विनम्र प्रयास किया गया है। इस संदर्भ में गुरुवर प्रो. जी. गोपीनाथन जी का स्मरण करना चाहता हूँ, जिनके आशीर्वाद से ही मैंने इस विषय में अपना अध्ययन आरंभ किया था। सुधी पाठकों का आशीर्वाद प्रार्थित है। अंत में वाणी प्रकाशन के स्वत्वाधिकारी श्री अरुण माहेश्वरी को धन्यवाद देना चाहूँगा कि उन्हीं के प्रयत्न एवं सौहार्द से ही यह पुस्तकाकार रूप में आपके हाथों में है।

प्रो. (डॉ.) ए. अच्युतन

आचार्य एवं अध्यक्ष
हिंदी विभाग
कालिकट विश्वविद्यालय
केरल-673635

अनुक्रम

अनुवाद और नाट्यानुवाद

अनुवाद आज का विषय है। अपने बहुभाषिक स्थिति की विडंबनाओं से बचने के लिए मानव द्वारा निर्मित एक तकनीक है अनुवाद, जिसका विकास मानव सभ्यता के साथ हुआ है। मानव मानव को एक-दूसरे के निकट लाने में, मानव जीवन को अधिक सुखी और संपन्न बनाने में अनुवाद की महत्त्वपूर्ण भूमिका है। अतः अनुवाद मानव की मूलभूत एकता का प्रत्यक्ष प्रमाण है। अपनी उपयोगिता के कारण और विभिन्न भाषा-भाषी लोगों में परस्पर संपर्क तथा सान्निध्य स्थापित कराने में महत्त्वपूर्ण भूमिका निभाने के कारण अनुवाद को एक सामाजिक आवश्यकता के रूप में स्वीकार किया जा चुका है। आज के वैज्ञानिक युग में अनुवाद को अत्यंत व्यापक एवं असाधारण महत्त्व प्राप्त हो चुका है। समाज के लघु तत्त्व से लेकर विश्व स्तर पर संपर्क एवं वैचारिक समन्वय का महत्त्वूपर्ण माध्यम अनुवाद है। अतः वर्तमान युग में अनुवाद की महत्ता और उपयोगिता केवल भाषा और साहित्य तक ही सीमित नहीं है, वह हमारी सांस्कृतिक, ऐतिहासिक, और राष्ट्रीय संस्कृति और ऐक्य का माध्यम है, जो भाषायी सीमाओं को पार करके भारतीय चिंतन और साहित्य की सर्जनात्मक चेतना की समरूपता के साथ-साथ, वर्तमान तकनीकी और वैज्ञानिक युग की अपेक्षाओं की पूर्ति कर हमारे ज्ञान-विज्ञान के आयामों को देश-विदेश से संपृक्त करती है।

वास्तव में अनुवाद एक तरफ से राष्ट्रीय एकता एवं विश्व एकता का एक सशक्त माध्यम है। यदि विश्व की सारी भाषाओं के समस्त साहित्य का, हर भाषा में अनुवाद हो जाए तो मानव संपूर्ण रूप से समृद्ध हो जाएगा।

वर्तमान युग में अनुवाद को अधिकाधिक महत्त्व प्राप्त हो रहा है। साहित्य के अतिरिक्त विज्ञान, विधि, तकनीकी, व्यावसायिक, प्रशासन, बैंकिंग, पत्रकारिता तथा सूचनापरक आदि सभी क्षेत्रों में अनुवाद को निरंतर महत्त्व प्राप्त हो रहा

है। आम आदमी के लिए यह एक ऐसा सहायक-स्तंभ है जिसके बिना उसकी कार्रवाई आगे नहीं बढ़ती।

अनुवाद-शब्दार्थ

'अनु' उपसर्ग पूर्वक 'वद' धातु से बने अनुवाद के लिए अंग्रेज़ी में 'ट्रांसलेशन', फ्रेंच में 'ट्रडुक्शन', अरबी में 'तर्जुमा' आदि शब्द चलते हैं। इसमें 'ट्रांसलेशन' शब्द लैटिन के 'ट्रांस' और 'लेशन' के संयोग से बना है जिसका मतलब है 'पार ले जाना', ''पहले किसी भाषा में लिखी गई या कही गई बात को पीछे किसी अन्य भाषा में लिखना या कहना।''[1]

प्राचीन काल में अनुवाद का वह अर्थ नहीं था जो आज लिया जाता है। **'शब्दार्थ चिंतामणि कोश'** में अनुवाद का अर्थ 'पहले कहे गए अर्थ को फिर से कहना' आदि दिया गया है—**'प्राप्तस्य पुनः कथने'** या **'ज्ञातार्थस्य प्रतिपादने'**।[2] गुरुकाल संप्रदाय में गुरु के वचनों को शिष्य दुहराते थे। इस दुहराने को भी अनुवाद कहते थे। 'ऋग्वेद' में भी 'दुहराता है' या 'पीछे से कहता है' इसी अर्थ में अनुवाद का प्रयोग मिलता है—**'अन्वेको वदति यद्ददाति'**[3] ब्राह्मण ग्रंथों में भी 'दुबारा कहना' या 'पुनःकथन' अर्थ में अनुवाद का प्रयोग मिलता है। ऐतरेय ब्राह्मण में आता है—

> **''यदवाचि प्रौढ़ितायाम् अनुवूयाद अन्यस्यैवेनम**
> **उदितानुवादितम कुर्यात।''**

उपनिषदों में भी अनुवाद का प्रयोग मिलता है। बृहदारण्यक उपनिषद (5-2-3) में 'अनुवदति' का प्रयोग दुहराने के अर्थ में हुआ है—

> **''तद् एतद् एवैषा देवी वाग् अनुवदति**
> **स्तनयिन्नुः द द द इति।''**

यास्क के निरुक्त में 'कहना' या 'ज्ञात को कहना' के अर्थ में अनुवाद का प्रयोग मिलता है—**'कालानुवादं परीत्य'** (12-13)।

पाणिनि ने अनुवाद शब्द का प्रयोग अष्टाध्यायी (2-4-4) में 'अनुवादे चरणानाम' किया है। जहाँ अनुवाद का अर्थ है—

'प्रमाणन्तरेण अवगतस्य अर्थस्य शब्देन संकीर्तनमं' अर्थात् जो अन्य क्षेत्रों से ज्ञात है उसे भिन्न-भिन्न शब्दों में पुनः कहना।[4]

गौतमीय न्याय सूत्र में अनुवाद को स्पष्ट करते हुए अनुवाद की परिभाषा इस प्रकार दी गई है—

विध्यर्थवादानुवादवचन विनियोगात्।
विधि विहितस्या अनुवाचनमनुवादः।।(2-1-65)

विधि के बाद जो उसकी पुष्टि में कहा जाए उसे अनुवाद कहते हैं।[5]

भर्तृहरि (2-1-15) में अनुवाद का अर्थ दुहराना या पुनःकथन है—

"आवृत्तिरनुवादो वा"[6]

जैमिनीय न्यायमाला (1-4-6) में भी अनुवाद का उल्लेख है—**'ज्ञातस्य कथनमनुवाद'** अर्थात् ज्ञात का कथन अनुवाद है।[7]

संत एकनाथ ने भी अपने ग्रंथ में अनुवाद का प्रयोग पुनः कहने के अर्थ में ही लिया है—

"बहु भी काये अनुवादो" (31)
"वेदानुवादां उपरति" (109)
"शब्दानुवादें अति प्रबल" (126)[8]

न्याय दर्शन पर लिखे वात्स्यायन भाष्य के शब्द विशेष की व्याख्या के संदर्भ में 'परीक्षा-प्रकरणम्' में कहा गया है कि 'सार्थक अभ्यास' अनुवाद कहलाता है।[9]

इस प्रकार संस्कृत में अनुवाद शब्द का प्रयोग 'दुहराया जाना', 'दुहराना', 'पश्चात्कथन', 'पुनः कथन', 'कहना', 'ज्ञात को कहना' आदि अर्थों में हुए हैं।

प्राचीन संस्कृत साहित्य में 'अनुवाद' शब्द का जो अर्थ अभिप्रेत था आज वह बदल गया है। ऋग्वेद, यास्क के निरुक्त और पाणिनि के अष्टाध्यायी के 'अनुर्त्यत्तभया' के अनुसार संस्कृत से संस्कृत में ही पुनरुक्ति, व्याख्या, अथवा स्पष्टीकरण के अर्थ में अनुवाद शब्द का प्रयोग किया जाता रहा है। भाषा की भिन्नता का आधुनिक अर्थ वहाँ अभिप्रेत नहीं है।[10]

अनुवाद-परिभाषा

किसी एक भाषा में निहित भावों और विचारों को तदनुरूप दूसरी भाषा में संवहन कराते हुए संपन्न करना ही अनुवाद है।

अनुवाद का स्वीकृत अर्थ है एक भाषा के शब्दों, वाक्यों, पुस्तकों आदि को दूसरी भाषा में बदलना, उसके अर्थ को दूसरी भाषा के शब्दों के माध्यम से व्यक्त करना।

आधुनिक काल में अनुवाद के संबंध में विदेशी विद्वानों ने ही सबसे पहले विचार व्यक्त किया है। लेकिन अनुवाद के संबंध में विद्वानों में मतभेद है।

'यूजीन ए नीडा' के अनुसार अनुवाद से तात्पर्य है स्रोत भाषा की सामग्री का लक्ष्य भाषा में निकटतम सहज समानक प्रस्तुत करना, जिसमें प्रथम स्थान अर्थ का है और दूसरा स्थान शैली का है।[11]

काटफार्ड के अनुसार अनुवाद एक भाषा की पाठ्य सामग्री का दूसरी भाषा में समतुल्य प्रतिस्थापन है।[12]

डा. जान्सन के अनुसार अनुवाद का तात्पर्य है अर्थ को बनाये रखते हुए अन्य भाषा में अंतरण करना।[13]

ए.एम. स्मिथ के अनुसार अनुवाद का तात्पर्य है यथासंभव अर्थ को बनाये रखते हुए अन्य भाषा में अंतरण करना।[14]

विलियम काउपर की राय में अनुवाद का सारतत्व निष्ठा है।[15]

थियोडर सेवरी ने अपने 'अनुवाद कला' में कहा है कि अनुवाद के अधिकांश सिद्धांत परस्पर विरोधी हैं। जैसे मूल के शब्दों पर आधारित होकर भी मूल के भाव का होना चाहिए, उसे मौलिक रचना लगते हुए भी अनुवाद के रूप में अपना स्वतंत्र अस्तित्व होना चाहिए इत्यादि।[16]

डीस्र्टर्ट के अनुसार अनुवाद प्रायोगिक भाषा विज्ञान की तरह वह शाखा है, जिसका संबंध प्रतीकों के एक सुनिश्चित समुच्चय से दूसरे समुच्चय में अर्थ के अंतरण से है।[17]

न्यूमार्क के अनुसार अनुवाद एक शिल्प है जिसमें एक भाषा में लिखित सन्देश के स्थान पर दूसरी भाषा में उसी सन्देश को प्रस्तुत करने का प्रयत्न किया जाता है।[18]

मैनिलोब्सकी के अनुसार अनुवाद सांस्कृतिक संदर्भो का एकीकरण है (Unifications of cultural contexts)। प्रत्येक भाषा का एक सांस्कृतिक परिवेश होता है जिसके निर्माण में उसके बोलने वाले लोगों की परंपरा, इतिहास, नृतत्त्वविज्ञानीय एवं भौगोलिक पृष्ठभूमि आदि का हाथ रहता है।[19]

रोमन जैक बसन के अनुसार भाषाओं के बीच अनुवाद से तात्पर्य है एक भाषा के शाब्दिक प्रतीकों की अन्य भाषा के शाब्दिक प्रतीकों द्वारा व्याख्या। इस प्रकार उन्होंने अनुवाद को एक व्याख्या माना है।[20]

उपन्यासकार **राबर्ट गोब्ज** के अनुसार अनुवाद 'असत्य या विनम्र असत्य है।' 'वह सत्य नहीं हो सकता, ऐसी स्थिति में अनुवादक वंचक हो जाएगा।'[21]

आधुनिक हिंदी साहित्यकारों ने भी अनुवाद संबंधी राय प्रकट की है। **महावीर प्रसाद द्विवेदी** की राय में किसी पुस्तक का अनुवाद आरंभ करने के पहले अनुवादक को अपनी योग्यता का विचार कर लेना नितांत आवश्यक है। सच तो यह है कि जो अच्छा कवि है वही अच्छा अनुवाद करने में समर्थ हो सकता है, दूसरा नहीं।[22]

श्रीमती महादेवी वर्मा के अनुसार, अनुवाद अंततः अपूर्णता की अनुभूति ही देता है। भाषा विचारों और मनोभावों का परिधान है और इस दृष्टि से एक विचारक या कवि की उपलब्धियाँ जिस भाषा में व्यक्त हुई हैं, उससे उन्हें दूसरी वेश-भूषा में लाना असंभव नहीं, तो दुष्कर अवश्य रहता है।[23]

प्रभाकर माचवे के अनुसार 'पहले से ही यह मानकर चलना पड़ता है कि अनुवादक को दोनों भाषाओं पर पूर्ण अधिकार होने के साथ-साथ मूल संस्कृति में वर्णित पात्रों तथा घटनाओं के माध्यम से अभिव्यक्त किए गए सांस्कृतिक तथा आस्था संबंधी प्रत्यादर्शों से परिचित होना आवश्यक है।'[24]

व्यंग्यकार **शरद जोशी** के अनुसार, 'अनुवाद हमेशा डिब्बों में बंद फल का मज़ा देते हैं। आप यदि उसे स्वाद लेकर खाएँ तो गलती आपकी है। कारखाने की नहीं। अनुवादक की तुलना किसी रोबोट से की जा सकती है।'[25]

डॉ. जी. गोपीनाथन अनुवाद को एक परकाय प्रवेश की प्रक्रिया मानते हैं। उनके अनुसार अनुवाद की इस परकाय प्रवेश की प्रक्रिया में स्रोत भाषा की संस्कृति की आत्मा एवं शरीर, अर्थ एवं शैली तत्त्वों में अंतरण एवं एकीकरण हो जाता है।[26]

श्री भोलानाथ तिवारी के अनुसार अनुवाद कथनतः और कथ्यतः निकटतम सहज प्रति प्रतीकन है। उनके अनुसार अनुवाद के आदर्श रूप में अनुवादक स्रोत भाषा में मूल सामग्री का अभिव्यक्तितः और अर्थतः लक्ष्य भाषा में निकटतम एवं स्वाभाविक सटीक अनुवाद भी कहा जा सकता है।[27]

श्री नन्द किशोर शागा के अनुसार अनुवाद का तात्पर्य एक भाषा सामग्री को दूसरी भाषा में प्रस्तुत करना है। ऐसा करते हुए यह ध्यान रखना आवश्यक हो जाता है कि एक भाषा की सामग्री को दूसरी भाषा में मात्र स्थानांतरित कर देना ही पर्याप्त नहीं, उस भाषा के भावों और विचारों को भी ठीक उसी रूप में रखना आवश्यक है। यदि ऐसा नहीं हुआ तो उसे अनुवाद नहीं माना जाएगा। अनुवाद मात्र भावों और विचारों के अन्य भाषा में स्थानांतरण तक ही सीमित नहीं, इसके साथ जुड़े अनिवार्य रूप में अन्य तत्त्वों पर भी विचार करना आवश्यक

है, जैसे—रूप, शैली, विविध स्तर तथा छवियाँ आदि।[28]

अनुवाद एवं अनुवादक

सफल अनुवाद कैसा होना चाहिए? सफल अनुवाद के लिए अनुवादक को किन-किन बातों पर ध्यान रखना चाहिए? इन समस्याओं के बारे में भी विचार करना है।

श्री कैलाशचन्द्र भाटिया के अनुसार जिस अनुवाद में विषय के साथ शैली का भी ध्यान रखा जाता है वही उत्तम है। उनके अनुसार अनुवाद में मूल कृति की आत्मा को जीवित रखना होता है। अनुवादक को मूल कृति की सर्जन प्रक्रियाओं से गुज़रते हुए उसके सत्य और संगीत को ज़िंदा मोती की तरह एक भाषा सीप में से निकालकर दूसरी भाषा सीप में कुछ इस तरह रखना पड़ता है कि वह जीवित बना रहे और उसकी ऊपरी चमक तथा आंतरिक दीप्ति वैसी बनी रहे जैसे पहले थी।[29]

प्रो. अशोक कालरा के अनुसार श्रेष्ठ अनुवाद में मूलनिष्ठता, बोधगम्यता, पठनीयता, स्वीकार्यता, तथा प्रयोजन सिद्धि अनिवार्य है।[30] **पं. महावीर प्रसाद द्विवेदी** के अनुसार 'आम भाषाओं पर अनुवादक को पूर्ण अधिकार होना चाहिए। आम भाषाओं के मुहावरे बिना जाने अनुवाद में सफलता नहीं मिलेगी। दूसरे, अनुवाद के लिए यह कोई नियम नहीं कि मूल पुस्तक का अक्षरशः अनुवाद किया जाए, परंतु यह भी ठीक नहीं कि मूल पुस्तक की अर्थ ध्वनि कुछ और हो और अनुवाद की कुछ और। अनुवादक को सदा मूल के अर्थ पर ध्यान रखना चाहिए, उसी अर्थ को दूसरी भाषा में परिष्कृत कर देने की चेष्टा करनी चाहिए। यदि मूल में कोई चमत्कार होता है तो अनुवाद में भी चमत्कार दिखाना चाहिए। मूल की भाषा में यदि किसी ऐसे मुहावरे (Idiom) का प्रयोग आ गया है जिसकी ओर स्वभावतः पाठक खिंच जाए तो अनुवाद भी उसी ढंग का करना चाहिए। सारांश यह है कि मूल की भाषा और भावों से अनुवाद की भाषा और भावों को शिथिल न होने देना चाहिए।'[31]

श्री भोलानाथ तिवारी के अनुसार 'अनुवादक का प्रयास यह होता है कि मूल को पढ़ या सुनकर लक्ष्य भाषा भी ठीक वही ग्रहण करे। आदर्श अनुवाद का सूत्रवाक्य है—समवेततः यथासाध्य न छोड़ो, न जोड़ो। अर्थात् अनुवादक यथासाध्य न तो मूल का कुछ अर्थतः या अभिव्यक्तितः छोड़े और न ही अपनी ओर से कुछ जोड़े। आदर्श अनुवादक सिरिंज की वह सूई है जो सिरिंज की दवा को ज्यों का त्यों मरीज के शरीर में पहुँचा देती है।'[32]

भारतीय विद्वानों के समान पाश्चात्य विद्वानों ने भी सफल अनुवाद एवं

अनुवादक संबंधी विचार प्रकट किए हैं। फ्रांस के **बेतेक्स** के अनुसार श्रेष्ठ अनुवाद में मूल वाक्य यथासाध्य रहता है, विचार और भाव वही क्रम रखते हैं, वाक्यों की लंबाई तक मूल की जैसी होती है और भावानुवाद बिल्कुल उपेक्षित होता है।[33]

मैथ्यू आरनोल्ड के अनुसार अनुवाद का मुख्य गुण मूलनिष्ठता है, किंतु उसे न तो अत्यधिक मूलनिष्ठ होना चाहिए, न अत्यधिक मूलमुक्त। दूसरा गुण है कि अनुवाद को सुन या पढ़कर वही प्रभाव पड़े जो मूल के श्रोताओं या पाठकों पर पड़ता रहा हो। उनके अनुसार अनुवादक को मूल रचनाकार से तादात्म्य स्थापित कर उसके भाव तथा शैली विषयक मूल बिंदुओं को आत्मसात करके लक्ष्य भाषा में उतरना है। चौथा गुण है कि मूल का कथ्य तथा कथन शैली दोनों ही अनुवाद में यथासंभव आना चाहिए। उनके अनुसार अनुवाद मूल से हीन होता है।[34]

विश्व के प्रथम अनुवाद सिद्धांत शास्त्री **'अलक्सान्डर फ्रेज़र टिटलर'** ने अपने ग्रंथ 'एन एस्से ओन दि प्रिंसिपल्स ऑफ ट्रांसलेशन' में कहा है–

1. अनुवाद में मूल का पूरा कथ्य या भाव आना चाहिए।
2. अभिव्यक्ति शैली वही होना चाहिए जो मूल की थी।
3. अनुवाद में मौलिक लेखन सा सहज प्रवाह होना चाहिए।[35]

ड्राइडन ने स्पष्ट कहा है कि शब्द प्रतिशब्द और अच्छा अनुवाद ये दोनों एक साथ नहीं हो सकते।[36]

फिट्स जेराल्ड के अनुसार अनुवादक को अपनी रुचि के अनुवाद में मूल रचना की पुनर्रचना करनी चाहिए, क्योंकि मरे शेर से जीवित कुत्ता कहीं अच्छा होता है।[37]

सफल अनुवाद एवं अनुवादक की दायित्व संबंधी धारणाओं को स्पष्ट करते हुए विद्वानों का मत विश्लेषण करके यह बात स्पष्ट हो जाती है कि अनुवाद करना इतना आसान नहीं है। इसलिए अनुवादक को सोच-समझकर सांस्कृतिक सेतु का कार्य करने का दायित्व निभाना पड़ता है। अनुवाद उतना ही महत्त्वपूर्ण है जितना हमारा जीवन।

आधुनिक हिंदी साहित्य के अग्रदूत

युगद्रष्टा भारतेंदु हरिश्चंद्र देश और समाज की उन्नति के लिए हिंदी की उन्नति आवश्यक समझते थे। इसके लिए वे विभिन्न भाषाओं के श्रेष्ठ ग्रंथों को भी हिंदी में अनूदित करने के पक्ष में थे। उनकी राय है कि यदि 'आल्हा विरह' अंग्रेज़ी में अनूदित हो सकता है तो अंग्रेज़ी की पुस्तकों को हिंदी में अनुवाद करके अपनी

भाषा को समृद्ध क्यों नहीं किया जा सकता?[38]

आल्हा विरहु को भयो अंग्रेज़ी अनुवाद।
यह लखि लाज न आई तु महि न होत विखाद॥[39]

भारतेंदु सभी भाषाओं के श्रेष्ठ ग्रंथों को हिंदी में अनुवाद के लिए आदेश देते हुए कहते हैं—

अंग्रेज़ी अरु फार्सी अरबी संस्कृत ढेर।
खुले खजाने तिनहिं क्यों लूटत लावहु देर॥
सबको सार निकाल के पुस्तक रचहु बनाई।
छोटी बड़ी अनेक बिध विविध विषय की लाई।[40]

अनुवाद के संबंध में भी भारतेंदु का एक विशिष्ट दृष्टिकोण था। उनके अनुसार 'बिना पूर्व कवि के हृदय से हृदय मिलाये अनुवाद करना शुद्ध झक मारना ही नहीं, कवि की लोकोत्तरस्थित आत्मा को नरक कष्ट देना है।'

भारतेंदु एक भाषा से दूसरी भाषा में शब्दशः अनुवाद किए जाने पर अर्थ का अनर्थ हो जाने की संभावना को स्वीकार करते हैं। इसलिए वह इसी प्रकार के अनुवाद के पक्ष में नहीं थे। उनके अनुसार ग्रंथ के मूल भाव को ज्यों का त्यों ग्रहण करना चाहिए। पर साथ ही अनूदित ग्रंथ पर अपने देश और अपनी भाषा व संस्कृति की मौलिक छाप छोड़ने के पक्षधर भी थे ताकि वह अपनी भाषा के अन्य मौलिक ग्रंथों से अलग-अलग विदेशी ग्रंथ सा प्रतीत न हो और पाठकों को अपनी भाषा के अन्य मौलिक ग्रंथों जैसा ही आनंद हो सके।[41]

नाटक एवं नाट्यानुवाद

नाटक शब्द की उत्पत्ति नट् धातु से है। नृत्त, नृत्य और नाट्य की विवेचना करते हुए भरतमुनि ने नाटक को संपूर्ण लोक का भावानुकीर्तन माना है। पौरस्त्य और पाश्चात्य आचार्यों ने नाटक को जीवन की अनुकृति माना है और इसे व्यक्त करने का माध्यम अभिनय है। चूँकि नाटक का संबंध जीवन से है। समय के साथ इसका अटूट संबंध स्वाभाविक है। इसी कारण से नाटक को एक 'सामाजिक संस्था' के रूप में मानते हैं और नाटकीय क्रिया व्यापार को 'सामाजिक क्रिया'[42] और इसलिए जीवन तथा समाज संबंधी विभिन्न अवस्थाओं से ही नाटक की वस्तु का बीजारोपण संभव है।

नाट्यानुवाद–नाटकों को मूलतः मंच पर प्रस्तुत करने के उद्देश्य से लिखा जाता है और नाट्यानुवाद का भी यही उद्देश्य है। अतः लेखकों को अपने-अपने माध्यम या अपनी विधा की विशेष जानकारी होना जरूरी हो जाता है। नाट्यानुवादक के सामने उपस्थित कठिनाइयाँ बहुमुखी और विकट हैं। दो भाषाओं के पूर्ण ज्ञान के साथ रंगमंचीय जानकारी भी अनिवार्य है। अगर नाटक को प्रस्तुति योग्य बनाना है तो उसमें कुछ न कुछ काटना, बदलना या बढ़ाने का निर्णय अनुवादक को स्वयं लेना पड़ता है।

किसी भी रचना में जीवन डालने के लिए (मूल के समान) आवश्यक है कि अनुवादक की प्रतिभा मूल लेखक से चाहे कितनी भी कम क्यों न हो, फिर भी उसे उस रचना को अपने अनुरूप ढालकर बहुत कुछ नए सिरे से लिखना चाहिए। अर्थात् उसे पुनर्रचना करना चाहिए। अनूदित नाटक मूल से जितना कम मिलता-जुलता होगा उतना ही उसके लिए बुरा होगा।

पाठ्यानुवाद या नाट्यानुवाद

नाटक दृश्यकाव्य होने के नाते रंगमंच पर ही पूर्ण हो जाता है। केवल पढ़ने के लिए लिखा हुआ नाटक वस्तुतः एक शैली का उपन्यास या गप्प है।[43] डॉ. हज़ारीप्रसाद द्विवेदी का यह कथन अनूदित नाटकों पर भी लागू है और इसीलिए यह ज़रूरी है कि अनुवाद भी मंचनीय हो। विद्वानों ने नाटकानुवादों का पाठ्यानुवाद और मंचनीय अनुवाद नाम से दो कोटियों में वर्गीकरण किया है।

पाठ्यानुवाद किसी भी नाटक के पाठ का शब्दानुसारी या वाक्यानुसारी अनुवाद मात्र होता है जबकि मंचीय अनुवाद अभिनय, रस एवं प्रभाव को दृष्टि में रखकर एक तरह का अनुसृजन है।[44] वास्तव में नाटकानुवाद में नाटक के संपूर्ण परिवेश को, अपने दृश्यत्व एवं काव्यत्व को एक साथ लक्ष्य भाषा में उतारना चाहिए। आजकल के बहुत से नाटकों का अनुवाद सिर्फ अनुवाद मात्र है। यही कारण होगा कि विद्वानों ने पठनीय एवं मंचीय नाटकों की चर्चा की है। पाठ्यानुवाद से तात्पर्य है कि टेक्स्ट का ज्यों का त्यों, उसी तरह लक्ष्य भाषा में अनुवाद करना। लेकिन हमें यह सोचना चाहिए कि पठनीय नामक कोई नाटक नहीं है। आजकल 'नाटकानुवाद' से बहुत से लोगों का तात्पर्य इसी पठनीय नाटक से है।

नाट्यानुवाद में नाट्य तत्त्व

नाट्यानुवाद से तात्पर्य, किसी भी नाटक (स्क्रिप्ट) का लक्ष्य भाषा में रूपांतरण

करते वक्त जितनी भी साहित्यिक एवं मंचीय प्रक्रियाओं से गुज़रना पड़ता है, उन सारी प्रक्रियाओं से है। क्योंकि नाट्यानुवाद एक प्रक्रिया है, इस प्रक्रिया का अंतिम चरण लक्ष्य भाषा के दृश्यत्व में ही है। अतः अनुवादक को मूल नाटककार से लेकर, नाटक में निहित क्रिया व्यापार से लेकर, नाटकीय वातावरण, अभिनय एवं रूप सज्जा आदि तत्त्वों के अनुकूल समन्वित दृष्टि से रूपांतरित करना पड़ता है। यह तो बहुत ही कठिन कार्य है, परंतु नामुमकिन नहीं। नाट्य प्रस्तुति की तरह नाट्यानुवाद का लक्ष्य भी वर्बल टेक्स्ट का विश्वल टेक्स्ट बनाना ही होना चाहिए। चूँकि नाट्यानुवाद केवल संवादों का अनुवाद नहीं। उसके परिप्रेक्ष्य, वातावरण, संस्कृति और अभिनय कौशल का अनुवाद है। रंगनिर्देश, नाटकीय औपचारिकताएँ लोक रंग-मंच की युक्तियों का प्रयोग आदि के रूपांतरण में अनुवादक को अपनी कुशलता एवं सजगता का परिचय देना है। स्पष्ट है कि अनुवादक को 'नाट्य' से समग्रता के साथ आत्मसात करना होगा। आचार्य भरत, धनंजय और विश्वनाथ द्वारा निर्दिष्ट नाट्य-लक्षणों के अनुसार नाट्य वह दृश्य काव्य है जिसमें सुख-दुःखसमन्वित लोक स्वभाव का अनुकरण होता है, अवस्थाओं का अनुकरण होता है, और यह अनुकरण रूप का आरोप करने वाले अभिनेताओं के माध्यम से प्रस्तुत किया जाता है। स्पष्ट है कि भरत ने इसे 'भावानुकीर्तनम्', 'नानाभावोपसंपन्नम्', 'नानावस्थांतरात्मकम्' और 'लोकवृत्तानुकरणम्' कहा है, धनंजय ने इसे 'अवस्थानुकृतिनाट्यम्' कहा है, और विश्वनाथ ने इसे 'अभिनेयम्' और 'रूपारोपात्तु रूपकम्' कहा है। आचार्य महिम भट्ट ने कहा है कि अनुभाव-विभावादि के वर्णन से जब आनंदोपलब्धि होती है, तब रचना काव्य कहलाती है, और जब गीतादि से रंजित, नटों द्वारा उसका प्रयोग किया जाता है, तब वह नाट्य बन जाता है।

आचार्यों द्वारा दिए गए लक्षणों के आधार पर नाट्य को समझने के लिए आवश्यक है कि उनमें प्रयुक्त शब्द को सही अर्थ में समझना नाट्य अवस्थाओं की अनुकृति है, इसकी व्याख्या करते हुए आचार्य धनिक का कहना है कि जब काव्य में निबद्ध या वर्णित धीरोदात्त आदि प्रकृति के नायकों का चार प्रकार के अभिनयों (आंगिक, वाचिक, आहार्य और सात्विक) द्वारा अवस्थानुकरण किया जाता है, तब नाट्य होता है। जब नाट्य को भावों का अनुकीर्तन कहते हैं, तब 'भाव' से भी पात्रों के मनोविकारों और मनःस्थितियों का अर्थ लिया जाता है। ये मनोविकार और भाव अमूर्त्त होते हैं, इन्हें देखा नहीं जा सकता। इन्हें किसी आश्रय में प्रतिष्ठित करके उसके माध्यम से ही देखा जा सकता है। नाटककार

अपनी रचना में उन्हीं को चित्रित करता है, और अभिनेता उन्हीं का अनुकरण करता है।

नाट्य की व्याख्या में 'अनुकरण' का बहुत महत्त्व है। इन शब्दों का जो अर्थ सामान्यतः समझा जाता है, उसी को आधार मानकर 'अनुकरण' शब्द का व्यवहार किया गया है। आचार्य धनिक के मत को स्पष्ट करते हुए डॉ. भोला शंकर व्यास ने लिखा है—"अवस्थानुकरण से यह तात्पर्य है कि चाल-ढाल, वेश-भूषा, आलाप-प्रलाप आदि के द्वारा पात्रों की प्रत्येक अवस्था का अनुकरण इस ढंग से किया जाए कि नटों में पात्रों की तादात्म्यापत्ति हो जाए। जैसे नट दुष्यंत की प्रत्येक प्रवृत्ति की ऐसी अनुकृति करे कि सामाजिक उसे दुष्यंत ही समझें, नाट्य के समय दुष्यंत और नट का भेद न रहे, उनमें परस्पर अभेद प्रतिपत्ति हो जाए।'[45]

आचार्य भट्टतौत का विचार है कि इस मानसिक स्थिति के लिए किए गए कार्य को 'अनुकरण' न कह कर 'अनुव्यवसाय' (तादात्म्य से उत्पन्न क्रिया) कहना चाहिए। उनका कथन है कि नाट्य में अनुकृति नहीं होती, अनुव्यवसाय होता है। भरत ने नाट्य को भावों का अनुकरण न कह कर अनुकीर्तन कहा है, और अनुकीर्तन का अर्थ है—कथन, प्रकाशन। इस प्रकार नाट्य के संदर्भ में अनुकरण का अर्थ अनुव्यवसाय है, अनुसरण है, प्रकाशन है। नाट्य में अवस्थाओं और भावों का प्रकाशन होता है, और इस प्रकाशन का अनिवार्य माध्यम है अभिनय। अभिनय के अभाव में नाट्य की कल्पना नहीं की जा सकती। अभिनेता, आंगिक, वाचिक, आहार्य, सात्विक आदि चार प्रकार के अभिनय से पात्रों के भावों को मंच पर प्रकट करता है तो वह अभिनय है। दूसरे शब्दों में, नाट्य संवादों, कार्य व्यापारों, भाव-भंगिमाओं तथा रंगमंच के दृश्य उपकरणों के माध्यम से नट जो प्रस्तुत करता है वह अभिनय है।

नाट्य का मूल आधार

सर्वमान्य तथ्य है कि 'नाट्य' शब्द की उत्पत्ति 'नट्' धातु से हुई है। और 'नट्' धातु, 'नृत्' धातु का प्राकृत रूप है। अतः नाट्य का मूलस्वरूप नृत्त में ढूँढ़ सकते हैं। नृत्त में ताल तथा लय के अनुरूप हस्त, पाद आदि अंगों का संचालन होता है। भारतीय नाट्य-शास्त्र ग्रंथों में 'नृत्त' के दो भेद माने गए हैं—तांडव और लास्य। तांडव महेश्वर द्वारा लोक में अभिनय की सृष्टि करते समय विलासपूर्ण (शृंग प्रचुर) सुकुमार नृत्त की सृष्टि की गई वही 'लास्य' के नाम से प्रचलित हुई। अतः

'तांडव' (पुरुष) नृत्य के 'त' एवं लास्य (स्त्री) नृत्य के 'ल' इन वर्णों के संयोग से 'ताल' शब्द की उत्पत्ति हुई है। इसी शब्द में ही सृष्टि संबंधी हमारी दार्शनिक धारणा स्पष्ट हो जाती है कि विरोधी लिंगों के या विरोधी भावों के समुचित समन्वय से ही सृष्टि संभव है। कहने का तात्पर्य है कि 'न शिव शक्ति रहित है और न शक्ति शिव से पृथक है। शक्ति के बिना शिव अपूर्ण हैं शक्ति भी शिव के बिना अपूर्ण होती हैं' अतः कह सकते हैं कि नाट्य में सृष्टि संबंधी मूल भावना एवं तत्त्व निहित है। चित्र, संगीत, नाट्य आदि कला रूपों से मानव अपने भावों की कलात्मक अभिव्यक्ति ही कर रहे हैं और अभिव्यक्ति का साधन समय के अनुसार बदलता है। अभिव्यक्ति की प्रवाहमान धारा को तीन चरणों में बाँटा जा सकता है।

बंदर पहले पेड़ों पर रहकर फल-पत्ते आदि खाते थे। फिर धीरे-धीरे हुए परिवर्तनों के साथ-साथ वे पेड़ों से उतरकर धरती पर आकर रहने लगे और चार पैरों के स्थान पर दो पैरों के बल पर चलने लगे। शारीरिक परिवर्तन ने थोड़ा-बहुत बुद्धि को भी प्रभावित कर लिया होगा। "आस्ट्रलोपितक्स अनेगिन्नस जैसा बंदर धीरे-धीरे मानव बन रहा था तो अपने सुरक्षा एवं आखेट के लिए हड्डियों से औज़ार आदि बनाए होंगे और फिर पत्थर आदि को तराश कर...।" भावाभिव्यक्ति के लिए इनके पास शब्द या भाषा नहीं थे अतः अपने शरीर से या फिर कई प्रकार के अनर्थक शब्दों से भावाभिव्यक्ति करने लगे। ठंड से बचने के लिए एवं नग्नता छिपाने के लिए पत्ते आदि के प्रयोग किए होंगे। जो भी हो मानव की कलात्मक अभिव्यक्ति का प्रथम चरण प्रस्तुत अंग संचालन और पत्थर व हड्डियों से बने विविध औज़ार एवं हथियारों में ढूँढ़ा जा सकता है। भरत मुनि की नृत्त संबंधी धारणा लोकाभिव्यक्ति के इस प्रथम चरण से संबंधित लगती है।

अनुकरण तो मानव का एक सहज स्वभाव है। यह अनुकरण का साधन मानव के लिए प्रकृति ही रही है। आदि मानव का, कोयल के बोलने पर उसके स्वर से अपना स्वर मिलाना, कुत्ते के भौंकने या बिल्ली के बोलने आदि की नकल करना, विभिन्न पशु-पक्षियों के स्वर भरने की प्रवृत्ति सहज स्वभाव रहे होंगे। पवन की संगीत लहरी से प्रभावित होकर नृत्य करने वाले कमल अथवा अन्य पुष्पों से उसने अनेक नृत्य-मुद्राएँ सीखी होंगी, वृक्षों की छाल अथवा पशुओं के रोएँदार चर्म से उसने अपने लिए इन्हीं के अनुकरण पर वस्त्रादि बनाए होंगे, प्रकृति के काँप और हास्य से उसने कंप और मुस्कुराहट सीखी होगी, प्रकृति के अनुसरण से ही मानव सभ्यता का विस्तार किया होगा। आग का उपयोग तो मानव समूह

को और आगे बढ़ा रहा था साथ ही वे अपनी सुरक्षा एवं सुविधा के लिए गुफाएँ आदि बनाकर रहने लगे। 'देश विदेश के विभिन्न स्थानों में 'आदि मानव की गुफाएँ' बाद में खोज निकाली गई हैं।' इन गुफा-भित्तियों में आदि मानव की कलात्मक अभिव्यक्ति का प्रमाण भी देख सकते हैं, जैसे पेड़-पौधे, पशु-पक्षियों आदि के अनेक रूप अंकित कर रखे हैं। अतः आदि मानव ने अपने आस-पास के पेड़-पौधे, पशु-पक्षी आदि का सूक्ष्म निरीक्षण करके उन जीव-जन्तुओं के रंग-रूप, चाल-चलन के साथ-साथ उन सभी आवाज़ को भी समझकर अपने मानस पटल पर उन सभी के बिंब बनाए होंगे। प्रथम चरण में हमने देखा कि मानव के पास भावाभिव्यक्ति के लिए अपना शरीर और निरर्थक ध्वनि ही थे लेकिन दूसरे चरण पर आकर वे पेड़-पौधे, पशु-पक्षी आदि के चित्र और आवाज़ की नकल आदि से भी अपनी भावाभिव्यक्ति करने में सक्षम रहे होंगे। शायद इन जंगली पशु-पक्षियों से अपने बचाव के लिए ही गुफा आदि बनाए होंगे। अतः दूसरे चरण में आदि मानव ने परिस्थितियों से प्रेरणा पाकर अनेक कलात्मक अभिव्यक्ति की। भरत मुनि के नाट्य शास्त्र की नृत्य संबंधी धारणा 'पदार्थाभिनयं भावाश्रयं नृत्यं' इसी अवस्था को अंकित करने के लिए किया होगा।

प्रथम और द्वितीय चरणों में हमने देखा कि मानव पूर्ण रूप से आश्रित था, यानी प्रकृति से मिली वस्तुओं का सेवन ज्यों का त्यों करते थे, फिर धीरे-धीरे मानव अपने लिए खुद खाद्य वस्तुओं का उत्पादन करने लगे। कृषि जीवन की प्रेरणा भी प्रकृति से ही मिली होगी। जैसे पेड़-पौधों के बीज आदि नीचे गिरकर दुबारा उग आते हैं, ये सब आदि मानव को प्रेरित किए होंगे और उसने इन पेड़-पौधों के बीच कृषि-जीवन शुरू किया होगा। कृषि ने सामूहिक जीवन, पशु-पालन आदि मानव जीवन में एक क्रांति ही ला दी। धीरे-धीरे मानव का बुद्धि पक्ष के साथ-साथ हृदय पक्ष (कला-पक्ष) भी जाग उठा और उसने अपने दैनिक कार्यकलापों के साथ-साथ चाहे कृषि हो, पशु-पालन हो (शायद श्रम-परिहार के लिए ही हो) गीत आदि के साथ जोड़कर करने लगे होंगे। इसी कारण से ही देश-विदेश में कृषि संबंधी, पशु-पक्षी संबंधी, वृक्ष संबंधी अनेक लोक-गीत सुन सकते हैं।

लोक-कला में सबसे पहले चित्र-कला का विकास हुआ है। आदि मानव की चित्रात्मक अभिव्यक्ति के अनेक उदाहरण विश्व के विभिन्न भागों से मिले हैं। 'भारत की भोपाल गुफ़ा चित्रों का समाहार वि.एस. बकेनकर ने खोज निकाला है।' इन चित्रों में आदि मानव का आचार विशेष भी देख सकते हैं। संगीत, नृत्य

आदि करने वाले चित्र जैसे ढोलक आदि लेकर नृत्य करने का रूप इन गुफ़ा चित्रों में स्पष्ट है।

संगीत आदि के प्रति मानव की रुचि दूसरे चरण में ही विद्यमान थी। प्रकृति का स्पंदन ही एक संगीत है, प्रकृति में स्पंदन सदैव है। प्रकृति के स्पंदन से पुलकित होकर सहज ही निकलने वाला संगीत है लोक-संगीत। जैसे चिड़ियाँ सब मिलकर सुबह-सुबह बहुत सुंदर ढंग से गाती हैं। ये किसी से प्रेरित होकर नहीं बल्कि सूरज की प्रथम किरण से पुलकित प्रकृति को देखकर सहज ही गा उठती हैं। उसी प्रकार आदि मानव भी प्रकृति के स्पंदन से प्रेरणा पाकर जाने-अनजाने ही गा उठा होगा। चिड़ियों की हड्डियों से बाँसुरी आदि बनाने की कला इसका स्पष्ट प्रमाण है। भरत मुनि की नाट्य संबंधी धारणा–'वाक्यार्थभिनयं रसाश्रयं नाट्यं' लोकाभिव्यक्ति के तीसरे चरण के योगदान हो सकते हैं।

आस्ट्रलोपितक्स अनेगिन्नस से, आधुनिक मानव होमोसैपियंस तक परिणाम की कई सीढ़ियों पर चढ़कर धीरे-धीरे विकसित होता हुआ और प्रत्येक अवस्था में अपने लिए अधिक से अधिक उपयोगी एवं कलात्मक अभिव्यक्ति का साधन व अन्य सामग्रियों का (जो मनोरंजन के लिए हो या किसी विश्वास के बल पर हो) आविष्कार करते हुए आज के सभ्य मानव की स्थिति तक अपने आपको पहुँचाया है। ये कोई आकस्मिक घटना नहीं है। बल्कि मानव के युग-युगों की साधना का संचित परिणाम है। साहित्य, कला सब कुछ प्रस्तुत परिणाम की अलग-अलग सीढ़ियाँ हैं या मानव अभिव्यक्ति का अलग-अलग सोपान है।

अतः निष्कर्ष रूप में हम कह सकते हैं कि अभिव्यक्ति एक निरंतर प्रक्रिया है, जो संस्कृति की तरह प्रवाहमान है। नाट्याभिव्यक्ति में भी हम यही प्रक्रिया देखते हैं। इसलिए अनुवादक को भी विशेषकर नाट्यानुवादक को उपर्युक्त अवधारणाओं का ज्ञान होना आवश्यक और समुचित रहेगा।

नाट्यानुवाद में सांस्कृतिक भूमिका का महत्त्वपूर्ण स्थान है। आगे इसी तत्त्व पर चर्चा करेंगे।

अनुवाद की सांस्कृतिक भूमिका

भाषा सामाजिक वस्तु है। समाज की हर एक धड़कन भाषा के द्वारा प्रकट की जाती है। अतः भाषा अपने समाज का आईना होती है। भाषा की यह छवि दूसरी भाषा की छवि से उसी प्रकार भिन्न होती है जैसे संसार भर के समुद्र एक-दूसरे से सटे होने और भिन्न-भिन्न जगह की वायु एक दूसरी से मिली होने के बावजूद

भिन्न गुणों वाली होती है। "भाषा में सांस्कृतिक, धार्मिक, राजनीतिक, आर्थिक, सामाजिक, भौगोलिक तत्त्व इसके कलेवर पर पूरी तरह छाए रहते हैं, अतः हम इनसे विलग नहीं रह सकते और भाषा का विश्लेषण इन्हीं के परिप्रेक्ष्य में करना होता है। अनुवाद की भाषा की सामग्री को दूसरी भाषा की सामग्री में प्रकट करना है, तो इस भाषिक अंतरण में सांस्कृतिक तत्त्वों का अंतरण भी अनिवार्य हो जाता है। अतः अनुवाद की सांस्कृतिक भूमिका अपने आप में एक महत्त्वपूर्ण विषय है, विशेषकर नाट्यानुवाद के संदर्भ में।

हम अपने तथ्यों को प्रकट करने के लिए जिन शब्दों का प्रयोग करते हैं, उन शब्दों का एक प्रसंग होता है, उनकी एक सांस्कृतिक परंपरा होती है, भूमिका होती है। कृषि-प्रधान समाज में कृषि-संबंधी शब्दों, प्रसंगों, लोकोक्तियों आदि का प्राधान्य होता है। जिस समाज का संबंध उद्योग से है, तो उसमें उसी के योग्य शब्दावली की प्रमुखता होगी। अर्थात् भाषा का स्थल-काल-क्रिया के सांस्कृतिक संदर्भों के साथ अर्थवान संबंध रहता है। अनुवाद करते वक्त इसी संबंध का विस्तार हो जाता है।

विश्व संस्कृति के निर्माण तथा उसके प्रचार-प्रसार के लिए अनुवादकों की भूमिका सदैव सराहनीय रही है। वास्तव में अनुवादक दो भाषाओं के मध्यवर्ती नहीं बल्कि वे दो संस्कृतियों के संयोजक हैं। सांस्कृतिक पुनर्जागरण के वे अग्रदूत हैं। किसी भी रचना का मूल तत्त्व उसकी संस्कृति है जो भाषा के द्वारा अभिव्यक्त की जाती है। अनुवादक अनुवाद के समय इस माध्यम रूपी बाधा को दूर करता है और तब एक समाज की संस्कृति दूसरे समाज के लिए अपरिचित नहीं रह जाती।

भारत एक बहुभाषा-भाषी विशाल राष्ट्र है, अनेक उपसंस्कृति एवं आचार-विचार से संपन्न राष्ट्र है। भारत की एक प्राचीन संस्कृति रही है जिसे मोटे तौर पर भारतीय संस्कृति की संज्ञा दी गई है। भारतीय संस्कृति के मूल में हैं वेद और पुराण। पर इसका कदापि यह अर्थ नहीं है कि भारत के प्रत्येक राज्य की अपनी संस्कृति नहीं है। भारत के उत्तर भाग में विविध जाति-उपजाति के लोग रहते हैं जिनकी भाषा, आचार-विचार, रीति-रिवाज, भोजन, वेश-भूषा आदि में विशेष अंतर देखने को मिलता है। भारत के दक्षिण भाग में भी विशेष जाति के लोग रहते हैं जिनकी भाषा, संस्कृति आदि उत्तर से बिलकुल भिन्न है। केरल राज्य की अपनी भाषा, संस्कृति, आचार-विचार आदि होते हैं जो उसी संस्कृति वाले तमिल लोगों की संस्कृति, भाषा आदि से भिन्न है। उदाहरण के लिए, केरल राज्य में पहले मातृसत्तात्मक परिवार कायम थे जिनके नेता थे मामा जो उस परिवार

के बड़ी आयुवाले होते थे। इन परिवारों में एक विशेष प्रकार के रिवाज़ शादी के मामले में होते थे। इस रिवाज के अनुसार मामा के भतीजों से मामा की संतानों की शादी होती थी। अर्थात् भतीजे की शादी पुत्री के साथ तथा पुत्र की शादी भतीजी के साथ। इससे सत्ता हमेशा माता के घर में ही कायम रहती थी। लेकिन उस घराने का कोई लड़का अपनी मौसी की लड़की से शादी नहीं रचाता क्योंकि वह उसे अपनी बहन ही मानता था। इससे मिलते-जुलते रीति-रिवाज़ दक्षिण के अन्य राज्यों तमिलनाडु, कर्नाटक आदि में भी देखे सकते हैं, वहाँ लड़कियों की शादी अपने मामा के साथ होती है। दक्षिण के इन रीति-रिवाजों से बिलकुल ही अपरिचित थे उत्तर के लोग। लेकिन आजकल मलयालम से अनूदित हिंदी उपन्यास पढ़कर केरल राज्य के इस विशेष रिवाज़ के बारे में उत्तर के पाठक जान गए हैं। मुरप्पेण्णु, मुरच्चेरुक्कन, कारणवर, तरवाटु, (मामा की लड़की, मामा का लड़का, मामा तथा खानदान) आदि शब्दों का प्रयोग एम.टी. वासुदेवन नायर, तकषी, केशवदेव, मलयाट्टूर रामकृष्णन, माधविक्कुट्टि आदि के उपन्यासों द्वारा ही मलयालेतर भाषी जान गए हैं।

किसी भी रचना के अनुवाद करने के पहले अनुवादक को एक बार नहीं सौ बार सोचना चाहिए कि स्रोत भाषा की सामग्री को वह लक्ष्य भाषा तक संप्रेषित करने में सफल हो सकेगा या नहीं। स्रोत भाषा की संस्कृति, सभ्यता, आचार-विचार आदि की पूर्ण जानकारी के बिना किए हुए सभी अनुवाद उस संस्कृति की हत्या होगी।

इब्सन, चार्ल्स डिकंस आदि के द्वारा अंग्रेजी, विक्टर ह्यूगो के द्वारा फ्रेंच, टॉल्सटॉय, दोस्तोयोव्स्की आदि द्वारा रूसी, पॅल बक के द्वारा चीनी संस्कृति से भारतीय अधिक से अधिक परिचित हुए। डिकन्स के प्रसिद्ध उपन्यास हैं 'डेविड कोप्परफील्ड', 'ब्लीक हाउस', 'हार्ड टाइम्स', 'द टाइल ऑफ टू सिटीस', 'ग्रेट एक्स्पेक्टेशन्स' आदि। इनमें सबसे प्रमुख 'डेविड कोप्परफील्ड' है, लेकिन जासूसी उपन्यास होने के नाते 'ब्लीक हाउस' तथा औद्योगिक उपन्यास होने के कारण 'हार्ड टाइम्स' हमारे लिए एक नया अनुभव रहा।

उधर पॅल बक अमेरिका से चीन जाकर उसकी संस्कृतियों से परिचित हुईं और चीनियों के दुख-दर्दों का मार्मिक पर वास्तविक चित्र पाठकों के सामने प्रस्तुत किया जिससे पहली बार दुनिया, चीनी संस्कृति से परिचित हुई। कुल मिलाकर उन्होंने 85 किताबें लिखी हैं जिनमें सबसे अधिक उपन्यास रहे हैं। उन्होंने चीन के लोगों तथा उनके विश्वासों का अंकन सहानुभूतिपूर्वक प्रस्तुत किया। 'गुड एर्त'

उनका सबसे विख्यात उपन्यास है जिसमें एक चीनी किसान तथा उसकी गुलाम बीवी के, जिंदगी से ऊपर उठने के संघर्ष की करुणार्द्र कहानी है। साहित्य का नोबेल पुरस्कार उन्हें 1938 में प्राप्त हुआ था। आगे चलकर उनका 'ड्रागन सीड' नामक उपन्यास भी चीनी सभ्यता तथा संस्कृति की व्याख्या करने में सफल हुआ।

फ्रांसीसी कला एवं साहित्य ने जितना अन्य देशों को प्रभावित किया है उतना शायद ही और किसी राष्ट्र ने किया है। फ्रांसीसी उपन्यासकारों में विक्टर मारी ह्यूगो का स्थान शीर्षस्थ है। पंद्रहवीं सदी के पारसियों के जनजीवन तथा संस्कृति का जीता-जागता चित्र उन्होंने 'नेत्रदाम का कूबड़ा' (The Hunch back of Notre Dame) नामक उपन्यास में प्रस्तुत किया तो वे अकस्मात प्रसिद्ध हुए। फ्रांसीसी कानून तथा सामाजिक व्यवस्था का जीवन्त चित्र उन्होंने 'क्लौडेगौर' (1834) में अंकित किया। पर उन्नीसवीं सदी के फ्रांस, उसके इतिहास तथा सभ्यता को सही माने में जानना हो तो, किसी को उनका लेस मिसरबिल पढ़ना ही पड़ेगा। क्योंकि इस उपन्यास में उन्होंने फ्रांस में उस समय मौजूद सामाजिक अन्याय, असमत्व, तथा अराजकता की खुलकर आलोचना की है। उपन्यास का नायक जीन्वालजीन स्वयं इस असमत्व का शिकार है।

संसार में रूसी सभ्यता तथा संस्कृति के प्रचारकों में लिओ टॉल्सटॉय तथा फ़्योदोर मिक्यालोविच दोस्तोयोव्स्की का प्रमुख स्थान है। टॉल्सटॉय का उपन्यास युद्ध और शांति (War & Peace) संसार में अभी तक लिखे अमर उपन्यासों में प्रथम स्थान पर है। आलोचक इस उपन्यास को रूसी समाज का महाकाव्य मानते हैं। रूस में नेपोलियन के आक्रमण के पहले की तथा उसके बाद की, रूसी समाज की गतिविधियाँ, कई ऐतिहासिक नेताओं का जीवन्त चित्रण, सैनिक युद्ध आदि इस उपन्यास की प्रधान घटनाएँ हैं। 'अन्ना केरनिना' उनका दूसरा अमर उपन्यास है। शिल्पकला की दृष्टि से यह युद्ध और शांति से भी आगे है। इस जमाने में रूस के समाज में सामन्ती राजाओं के समान जीवन बिताने वाले पाँच अमीर परिवारों की कहानी इसमें वर्णित है। आगे चलकर दोस्तोयोव्स्की ने अपने पूर्वगामियों का मार्ग और भी विस्तृत किया। उनके दो उपन्यास जुल्म और सजा (Crime and Punishment), कामरसोव भाई (Brothers Kamarasov) रूसी संस्कृति के अग्रदूत बने।

आधुनिक काल में भारतीय संस्कृति को पाश्चात्य साहित्य जगत में प्रतिष्ठित करने में कवीन्द्र रवीन्द्र की उल्लेखनीय देन है। पहले कालिदास, भवभूति आदि ने तथा आधुनिक काल में प्रेमचन्द, तकषी, शिवशंकर पिल्लै, कावालम नारायण

पाणिक्कर, हबीब तनवीर, रतन थियम, कन्हैलाल, शंभुमित्र आदि कलाकार साहित्यकारों ने अपनी कलाओं के द्वारा भारतीय संस्कृति को दुनिया के सामने प्रस्तुत कर यह स्थापित करने का प्रयास किया है कि भारत की ज्ञान-ज्योति अभी तक बुझी नहीं है। उस अध्यात्म प्रकाश की, भारतीय दर्शन की अब भी प्रासंगिकता है। आज एम. मुकुन्दन, कमलादास, वी. एस. नाइपॉल, अरुन्धती राय जैसे लेखक भारतीय संस्कृति के अंग्रेज़ी के वकील हैं।

सांस्कृतिक संदर्भ एवं नाट्यानुवाद

संस्कृति का अनुवाद करना आसान है पर सांस्कृतिक संदर्भों का अनुवाद उतना आसान नहीं जितना कि भावों का। किसी भी भाषा में प्रयुक्त शब्द उस भाषा की संस्कृति से संबंध रखता है। उसकी एक सांस्कृतिक पहचान है। रामायण, महाभारत आदि प्रसिद्ध रचनाओं का कथानक सभी जानते हैं। वे सब संस्कृति प्रधान रचनाएँ हैं। अर्थात् एक देश की संस्कृति की पहचान उन रचनाओं से प्राप्त होती है। संस्कृति प्रधान समाज में इस प्रकार की रचनाओं को बड़ा आदर और सम्मान मिलता है। रामायण की कथा में हनुमान एक वानर है पर कभी भी किसी भारतीय के मन में हनुमान की प्रकृति को देखकर हास्यभाव नहीं हुआ होगा। पर लक्ष्य भाषा विदेशी हो तो विदेश के पाठकों से इस प्रकार के सम्मान की प्रतीक्षा करना बेकार होगा। अतः उसका जितना असर भारतीय समाज में हुआ होगा उतना शायद ही किसी विदेशी के मन में। पिताजी की आज्ञानुसार वन जाने के लिए राम तैयार होते हैं तो हम शंका नहीं करेंगे। सीता भी राम के साथ जाने के लिए हठ करती हैं तो भी हमारे मन में संदेह नहीं होगा। पर यदि कोई विदेशी पूछे कि राम अपने पिता से ना क्यों नहीं करते या सीता क्यों पति को छोड़ती नहीं, तो हमारे पास उत्तर नहीं होगा। इस प्रकार विविध सांस्कृतिक संदर्भों का अनुवाद ज़रूर ही एक कठिन समस्या है। इसीलिए प्रसिद्ध अंग्रेज़ी नाटककार शेक्सपियर की रचना 'द मर्चेंट आफ वेनिस' (वेनिस के व्यापारी) को हिंदी में अनुवाद किया तो शीर्षक से लेकर, कथावस्तु, कथापात्रों का नाम तथा संदर्भों का भी परिवर्तन किया जो मूल रचना के अनुवाद में बाधा डाल सकते थे। 'वेनिस के व्यापारी' के स्थान पर 'दुर्लभबंधु' आया, आन्टोनियो आनंद बने बस्सानियो बने बसन्त, पोर्शिया बनी पुरश्री तथा शैलोक बने शैलाक्ष।

संस्कृति के छोटे से तत्त्व रिश्ते-नाते की शब्दावली का विवेचन करें तो उससे भी यह देखने में आएगा कि भारत में रिश्ते-नातों का जो विशाल ताना-बाना

है और उसके अनुसार जो शब्दावली है, उसकी सी बृहदता अनेक देशों में नहीं मिलती। 'परिणामस्वरूप यहाँ के माँ, बाप, भाई, बहन, चाचा, चाची, ताऊ, ताई, दादा, दादी, पड़दादा, पड़दादी, बेटा, बेटी, बुआ, फूफा, भतीजा, भतीजी, मामा, मामी, नाना, नानी, भांजा, भांजी, मौसा, मौसी, फूफस, तायस, तायसरा, फूफसरा, ननद, ननदोई, जीजा, जीजी, साला, साली, देवर, देवरानी, जेठ, जेठानी, सास, ससुर, पितसरा, दादस, दादसरा, काकसरा, मौलसरा, मौलस, जैसे रिश्ते-नातों के अनेक शब्द अन्य देशों में नहीं मिलते और न ही वहाँ अनुवाद में इन रिश्तों में ऐसी आत्मीयता छलकाना एक सहज काम है। भारतीय परिवेश में ये शब्द भले ही साधारण लगें, परंतु विदेशी भाषाओं में इनके लिए समतुल्य शब्द ढूँढ़ना मुश्किल है। ऐसी स्थिति में समग्र सांस्कृतिक तत्त्वों का अंतरण या अनुवाद एक बड़ी सांस्कृतिक समस्या है।

प्राचीन काव्यों के अनुवाद में विदेशी अनुवादकों को किन-किन प्रकार की समस्याओं का सामना करना पड़ेगा? यदि किसी विदेशी को भारत के अग्नि पुराण, वायु पुराण, कादंबरी, शाकुंतलम्, कामायनी, पृथ्वीराज रासो आदि रचनाओं का अनुवाद करने को कहा जाए तो एक तो उसे इन रचनाओं के समय प्रचलित भिन्न-भिन्न सांस्कृतिक मान्यताओं से जूझना पड़ेगा और दूसरी ओर इनमें अंतर्विष्ट ध्वनि, लय, ताल, व्यंग्य, छंद, मुहावरों, लोकोक्तियों, देश, काल, शैली, मिथक, प्रतीक, भाव, अनुभव, परंपरा, संस्कार आदि समस्याओं से भी एकाकार होना होगा, नाट्यानुवाद के संदर्भ में ये तत्त्व अत्यंत महत्त्वपूर्ण विषय हैं। किसी राष्ट्र के संस्कार उसके मूल्य, उसके आदर्श, उसका ज्ञान, उसका दार्शनिक दृष्टिकोण यदि किसी एक ही बात से परिलक्षित होते हैं तो वह भाषा है, या भाषा में निहित क्रिया है।

कवीन्द्र रवीन्द्र ने अपने 'गीतांजलि' का अनुवाद स्वयं ही अंग्रेज़ी में किया है। जिन्होंने उनका अंग्रेज़ी अनुवाद भी पढ़ा है, उनका विचार है कि मूल कृति की तुलना में अनूदित कृति केवल छाया मात्र है। इस अवसर पर सांस्कृतिक शब्दावली के अनुवाद संबंधी टैगोर का कथन विशेष उल्लेखनीय है। "जिस पथ पर चलने में देवदत्त भी सहमत हैं, उस पर मैं स्वयं चलने की धृष्टता नहीं कर पाता। अपने अनुवादों में मैं जटिल प्रयोगों से बचने की चेष्टा करता हूँ। मैंने तो अपने ही सिक्कों को खोटा सिद्ध करने का यह कार्य खिलवाड़ में ही आरंभ किया था। अब इसकी विराट योजना मुझे भयभीत करने लगी है। जी में आता है अपनी भूल स्वीकार कर अपनी ही भाषा का कवि बना रहूँ। तुमने ठीक ही लिखा है अपने अनुवादों में मुझे अनेक खामियाँ दिखने लगी हैं, मैंने उन्हें नाना रूप से अलंकृत कर संपूर्ण रूप से सुंदर बनाने की

चेष्टा भी की है। किंतु जो भी हो, एक सबक सीख चुका हूँ; मुझे तुम्हारी भाषा को हाथ में लेना ही नहीं चाहिए था।''

कथानक की सांस्कृतिक विशिष्टताओं के अनुभाव के संबंध में डॉ. प्रभाकर माचवे का यह विचार है कि पहले से ही यह मानकर चलना पड़ता है कि अनुवादक को दोनों भाषाओं पर पूर्ण अधिकार होने के साथ-साथ मूल-संस्कृति में वर्णित पात्रों तथा घटनाओं के माध्यम से अभिव्यक्त किए गए सांस्कृतिक तथा आस्था संबंधी प्रत्यादर्शों से परिचित होना आवश्यक है, अनुवादक अथवा रूपांतरकार प्रायः मूल रचना में वर्णित स्थितियों के लिए लगभग उनसे मिलती-जुलती स्थितियों का वर्णन कर देते हैं, और यहाँ तक कि अनुवाद करते समय मूल कृति में आए नामों, रीति-रिवाज़ों के वर्णन में भी परिवर्तन कर देते हैं। अनुवाद संबंधी ये पद्धतियाँ अनुवाद की प्रमुख समस्या का समाधान तो करती नहीं बल्कि समस्या से पलायन ही कराती हैं। ''कई बार हिंदी अनुवादों में मूल विदेशी रचना का निरा कंकाल हाथ लगता है, कभी-कभी कुछ रक्त-मज्जा या चर्म का आभास भी मिल जाता है, पर पूरी ऊष्मा या मूल जैसा पूरा आस्वाद बहुत ही कम कृतियों में पाया जाता है।''[46]

संदर्भ

1. कल्याणमल लोढा—'आदान-प्रदान का सशक्त माध्यम'—अनुवाद क्या है, सं. डॉ. भ. ह. राजूरकर और डॉ. राजमल बोरा, पृ. 15
2. भोलानाथ तिवारी—अनुवाद विज्ञान, पृ. 9
3. वही
4. एस. सी. बागची का लेख, अनुवादक कार्तिकेय शुक्ल—अनुवाद, सितंबर 1986, पृ. 15
5. अनुवाद—सितंबर 1986, पृ. 15—एस. सी. बागची के लेख का अनुवाद, अनुवादक—कार्तिकेय शुक्ल
6. भोलानाथ तिवारी—अनुवाद विज्ञान, पृ. 10
7. वही
8. अनुवाद क्या है—सं. डॉ. भ. ह. राजूरकर और डॉ. राजमल बोरा, घनश्याम व्यास के लेख, पृ. 37
9. डॉ. शंकर दयाल सिंह—अनुवाद सिद्धांत की परंपरा और विकास—अनुवाद, जुलाई-सितंबर, 1991, पृ. 13-14
10. अनुवाद क्या है—सं. भ. ह. राजूरकर और डॉ. राजमल बोरा, माधुरी छेड़ा का लेख, पृ. 114

11. Translating consists in producing in the recepter language the closet natural equivalent to the message of the source language, first in meaning and secondly in style.
(द्रष्टव्य–भोलानाथ तिवारी–अनुवाद विज्ञान, पृ. 16)
12. The replacement of textual meterial in one language by equivalent textual material in another language.
(द्रष्टव्य–भोलानाथ तिवारी, अनवुाद विज्ञान, पृ. 16)
13. द्रष्टव्य–डॉ. जी. गोपीनाथन–अनुवाद सिद्धांत एवं प्रयोग से उद्धृत, पृ. 16
14. द्रष्टव्य–अनुवाद सिद्धांत एवं प्रयोग–डॉ. जी. गोपीनाथन, पृ.16
15. Fidelity indeed is the very essence of translation and the term itself implies it.
(द्रष्टव्य–अनुवाद सिद्धांत एवं प्रयोग–डॉ. जी. गोपीनाथन, पृ. 55)
16. वही, पृ. 57-58
17. डॉ. सोहन शर्मा, 'सोच और संस्कार'–अनुवाद, अगस्त 1964, पृ. 3
18. डॉ. शशि मुदिराज–अनुवाद मूल्य और मूल्यांकन, पृ.3
19. द्रष्टव्य–डॉ. जी. गोपीनाथन–अनुवाद सिद्धांत एवं प्रयोग, पृ. 17
20. जार्ज स्टेर–आफ्टर बाबल–लंदन 1975, पृ. 260
(द्रष्टव्य–डॉ. जी. गोपीनाथन–अनुवाद सिद्धांत एवं प्रयोग, पृ. 16)
21. डॉ. कैलाशचन्द्र भाटिया–अनुवाद कला सिद्धांत और प्रयोग, पृ. 10
22. रसज्ञरंजन–महावीर प्रसाद द्विवेदी, पृ. 26
23. अनुवाद कला और समस्याएँ–(15 विद्वानों के संक्षिप्त वक्तव्य, संस्कृति–जून-जुलाई)
24. कथा साहित्य का अनुवाद–डॉ. प्रभाकर माचवे–अनुवाद, जुलाई-सितंबर 1971
25. कैलाशचन्द्र भाटिया–अनुवाद कला सिद्धांत और प्रयोग, पृ. 10
26. डॉ. जी. गोपीनाथन–अनुवाद सिद्धांत एवं प्रयोग, पृ. 20
27. भोलानाथ तिवारी–अनुवाद विज्ञान, पृ. 28
28. अनुवाद की सीमाएँ–नन्द किशोर शाह, 'अनुवाद क्या है' सं. डॉ. भ. ह. राजूरकर और डॉ. राजमल बोरा
29. डॉ. कैलाशचन्द्र भाटिया–अनुवाद कला सिद्धांत और प्रयोग, पृ. 10
30. अनुवाद समीक्षा, अनुवाद मूल्यांकन–प्रो. अशोक कालरा–अनुवाद 43वाँ अंक, पृ. 78
31. अनुवाद संबंधी विचार–निराला, अनुवाद 1987 जून, पृ. 24-25 से उद्धृत
32. भोलानाथ तिवारी–अनुवाद विज्ञान, पृ. 28
33. वही, पृ. 196
34. भोलानाथ तिवारी–अनुवाद विज्ञान से उद्धृत, पृ. 201
A translation should affect us in the same way as original may be supposed to have affected its first hearers—Mathew Arnold.
35. अनुवाद विज्ञान–भोलानाथ तिवारी, पृ. 200

36. उपर्युक्त से उद्धृत, पृ. 198

"It is impossible to translate verbally and well at the same time. It is much like dancing on ropes with fettered legs. A man may shan a tall by using caution but the gracefulness of motion is not to be expected.

37. वही, पृ. 202

I am persuaded that translator must recast the original into his own likeness. The live dog is better than the dead lion—Fitz Gerald.

38. भारतेंदु हरिश्चन्द्र—डॉ. रमेश गुप्त—अनुवाद—अक्तूबर-दिसंबर, 1984, पृ. 45
39. भारतेंदु ग्रंथावली-भाग 2, पृ. 737
40. भारतेंदु हरिश्चंद्र—डॉ. रमेश गुप्त—अनुवाद—अक्तूबर-दिसंबर, 1984, पृ. 45
41. वही
42. "Theatre is a social institution and theatre activity is a social actions" (John. Dietritch-Play Direction)
43. बीसवीं शताब्दी का हिंदी रंगमंच—ले. शशि प्रभा अत्रि, से उद्धृत, पृ. 12
44. डॉ. जी. गोपीनाथन—अनुवाद सिद्धांत एवं प्रयोग
45. हिंदी दशरूपक—भोलाशंकर व्यास
46. प्रभाकर माचवे, सृजनात्मक प्रतिभा और अनुवाद—अनुवाद कला कुछ विचार (संपादक) एस. चन्द एण्ड कंपनी प्रकाशन, नई दिल्ली, 1964, पृ. 9

नाट्यानुवाद का मूल्यांकन : एक सैद्धांतिक विवेचन

हिंदी में नाट्यानुवाद एवं अनुवाद अध्ययन अनुसंधान उतना अधिक विकसित क्षेत्र नहीं है, यद्यपि भारतीय एवं विदेशी भाषाओं से बहुत-से नाटकों का अनुवाद एवं प्रस्तुति हिंदी में हो चुका है, फिर भी सही मूल्यांकन की दृष्टि से इन अनूदित नाटकों का अध्ययन, अनुसंधान नहीं हुआ है। अगर हुआ है तो किस आधार पर? अनूदित नाटकों का मूल्यांकन मूल नाटकों की तरह संभव है? इस तरह के कई प्रश्नों के उत्तर ढूँढ़ निकालना है। लेकिन इसके पहले अनूदित कृतियों के मूल्यांकन के बारे में समग्र रूप से कुछ विचार करें और उसके बाद नाट्यानुवाद के मूल्यांकन के बारे में चर्चा करें तो उचित रहेगा।

दुनिया में कोई भी भाषा ऐसी नहीं होगी जिसमें अन्य किसी भाषा से अनुवाद नहीं किया गया हो। एक भाषा की साहित्यिक विधाओं का दूसरी भाषा में अनुवाद करने से सांस्कृतिक मूल्यों का आदान-प्रदान संभव होता है। ध्यान देने की बात है कि स्रोत भाषा की सबसे महत्त्वपूर्ण रचनाओं पर ही अनुवादकों की दृष्टि पहले पहल पड़ती है, अतः लक्ष्य भाषा भाषी लोगों को स्रोत भाषा की साहित्यिक गरिमा का परिचय प्राप्त होता है।

नाट्यानुवाद के मूल्यांकन के आधार की चर्चा के पहले नाट्य प्रयोजन संबंधी अवधारणाओं पर दृष्टि डालना संगत रहेगा। क्योंकि मूल्यांकन के आधार पर इन दृष्टियों का प्रत्यक्ष प्रभाव हो सकता है। कला कला के लिए, कला समाज के लिए—ये दो दृष्टियाँ बहुत पहले से ही प्रचलित हैं। यूजीन आयनेस्को तथा तानस्लोविस्की ने इन्हीं धारणाओं को नाटक के संदर्भ में विशेषरूप से दुहराया है। आचार्य भरत ने नाट्यप्रयोजन को मनोविनोदकारी तथा लोककल्याणकारी बनाया तो अरस्तू ने आनंद और मानसिक शांति दोनों को महत्त्व दिया। संस्कृत

नाटकों की प्रस्तावना और भरत वाक्य में उद्देश्यों का उल्लेख स्पष्ट रूप से किया है। उल्लेखनीय है कि रस निष्पत्ति साधारणीकृत आनंद है। अरस्तू ने एक ओर कॉमदी को मनोरंजनकारी नाट्यरूप माना तो दूसरी ओर त्रासदी को भय एवं करुणा के उद्रेक द्वारा मनुष्य के मनोविकारों को शुद्ध करने वाला स्वीकार किया। दोनों विचारों में लोकमंगलकारी अवधारणा स्पष्ट दीख पड़ती है। वैसे तो नाटक साहित्य के सभी रूपों में सर्वाधिक सामाजिक कला है। नाटक समाज से जीवंतता के साथ प्रत्यक्ष रूप में जुड़ा रहता है और संबोधित करता है। अतः नाटक में सामाजिक जीवन का चित्र स्पष्ट दीख पड़ता है। उल्लेखनीय है कि नाट्याध्ययन की दृष्टि का मूल आधार भी प्रयोजनमूलक ही होना चाहिए।

अनेक नाटककार मानते हैं कि समाज का हूबहू चित्रण प्रस्तुत कर देना ही नाटककार का उद्देश्य नहीं है। दर्शकों को सामाजिक समस्याओं के प्रति जागरूक करना भी उसका उद्देश्य है। प्रसिद्ध नाटककार इब्सन ने लिखा है कि रचनाकार का कर्त्तव्य है कि वह जिस समय और समाज में है, उसके सामयिक एवं शाश्वत प्रश्नों को स्वयं समझे और दूसरों को समझाए। इसी उद्देश्य को सामने रखकर इब्सन जैसे नाटककारों ने अपने समय के महत्त्वपूर्ण प्रश्नों को अपने नाटकों में उठाया है।

अनूदित कृतियों के मूल्यांकन का आधार

मोटे तौर पर कहें तो अनुवाद के प्रमुख दो उद्देश्य होते हैं। एक तो यह है कि किसी अन्य भाषा की श्रेष्ठ कृति को लक्ष्य भाषा के पाठकों के समक्ष रखना और दूसरा अपने लिए आवश्यक एवं उपयोगी साहित्य को अनुवाद द्वारा उपलब्ध कराना। इसमें पहला उद्देश्य विशुद्ध साहित्यिक उद्देश्य है। क्योंकि विश्व की श्रेष्ठतम साहित्यिक रचनाओं से दूसरों का जो उस भाषा को नहीं जानते-समझते—साक्षात्कार होता है, उनकी अनुभूतियों और भावनाओं को विस्तृत कर देता है। इसके अलावा अपनी आवश्यकता और उपयोगिता को दृष्टि में रखते हुए भी अनुवाद किए जाते हैं। कभी अपने किसी अभाव की पूर्ति के लिए किया जाता है तो कभी व्यावसायिक लाभ के लिए किया जाता है, और कभी आर्थिक लाभ के लिए भी। यदि उनका परिणाम अच्छा हो तो इन अनुवादों में भी कोई दोष नहीं। साहित्य की किसी भी विधा का अनुवाद किसी भी उद्देश्य से किया जा सकता है, लेकिन फल प्राप्ति एक या एकाधिक क्षेत्रों में हो सकती है। अर्थात् श्रेष्ठ कृति तो अपने क्षेत्र में पहुँचती ही है और वह उपयोगी भी सिद्ध हो सकती है।

अनूदित कृतियों के मूल्यांकन से ही यह स्पष्ट हो जाता है कि अनूदित कृति का प्रभाव कितनी मात्रा में लक्ष्य भाषा पर पड़ा है। अनुवाद मूल्यांकन के लिए प्रमुख रूप से चार आधार अपनाये जा सकते हैं।

1. पाठक अनुक्रिया पर आधारित मनोवैज्ञानिक मूल्यांकन पद्धति,
2. मूल पाठ की प्रकृति पर आधारित अनुवाद मूल्यांकन पद्धति,
3. अनुवाद की पठनीयता और बोधगम्यता पर आधारित प्रयोजनमूलक मूल्यांकन पद्धति, और
4. मूल और अनूदित पाठ के बीच तुलनात्मक मूल्यांकन पद्धति।

अनूदित नाटकों का मूल्यांकन : एक नया दृष्टिकोण

हर एक कृति की विधा-विशेष, रचनाकार और उनका परिवेश, देश-विशेष, सांस्कृतिक विशेषताएँ आदि को ध्यान में रखते हुए कभी-कभी किसी विशिष्ट मूल्यांकन पद्धति का निर्माण ज़रूरी हो जाता है। नाटक के संदर्भ में यह बात विशेष रूप से उल्लेखनीय है। नाटक की तरह नाट्यानुवाद भी रंगमंच के लिए होता है। नाट्यानुवाद के सही मूल्यांकन के लिए कोई भी मानक मूल्यांकन पद्धति आज तक उपलब्ध नहीं है। इसलिए नाट्यानुवाद के मूल्यांकन के लिए एक विशिष्ट मूल्यांकन पद्धति का निर्माण करना अनिवार्य है। सबसे पहले हमें यह जानकर विचार करना है कि नाटक काव्य भी है और दृश्य काव्य भी। इसलिए अनूदित नाटक के मूल्यांकन में भी पाठधर्मी एवं रंगधर्मी नाट्यपाठ पर विचार करना पड़ेगा।

नाट्यानुवाद नाटक की तरह रंगमंचीय होने के कारण इसकी फल प्राप्ति रंगमंडल में बैठे हुए प्रेक्षकों में ही देखी जा सकती है। इसलिए प्रेक्षकीय अनुक्रिया को नाट्यानुवाद के मूल्यांकन में एक प्रमुख तत्त्व के रूप में लिया जा सकता है। अतः नाट्यानुवाद के मूल्यांकन के लिए "प्रयोजनात्मक विवेचन या मूल्यांकन पद्धति" (Functional Evaluation Method) ही अधिक सार्थक निकलेगी।

प्रयोजनमूलक मूल्यांकन पद्धति

किसी भी प्रकार की कृति के मूल्यांकन का प्रमुख आधार उसका प्रयोजन है। अनूदित कृति का लक्ष्य भाषा के लिए क्या योगदान है? वह योगदान किस आधार पर है? प्रकार्य क्या है? आदि इसी पद्धति के अंतर पर विचार करेंगे; अतः मोटे तौर पर प्रयोजनमूलक पद्धति में निम्नलिखित तत्त्वों का विवेचन किया जा सकता है—

1. लक्ष्य भाषा के लिए साहित्यिक योगदान (Literary contribution to

target language)

2. मंचीय योगदान (Stage contribution)
3. प्रकार्य (Function)
4. सांस्कृतिक योगदान (Cultural contribution)

इन तत्त्वों के आधार पर नाट्यानुवाद का मूल्यांकन करना है तो पहले अनूदित नाटक के पाठ-प्रकार के बारे में समझना ज़रूरी है। वास्तव में नाटक के पाठनिर्माण के बाद वह यात्रा की प्रक्रिया शुरू करता है। इस यात्रा के अनेक चरण हैं। और अंततः प्रेक्षकों के मनोमंच पर प्रस्तुत होता है। अतः मूल नाटककार के विचार का अनुवाद करके प्रेक्षकों के पास पहुँचाने तक की प्रक्रिया के अंतर्गत हमें सात प्रकार के पाठ मिल सकते हैं। वे पाठ इस प्रकार हैं–(1) मूल नाटककार का मानसिक पाठ (2) मूल नाटक (3) अनुवाद का पाठधर्मी पाठ (4) रंगधर्मी पाठ (5) प्रस्तुति आलेख पाठ (6) मंचीय प्रस्तुति पाठ और (7) प्रेक्षक के मानसिक पाठ।

1. कवि का मानसिक पाठ Mental Text of the Author (M.T.A.)
2. मूल भाषा वैज्ञानिक पाठ Original Linguistic Text (O.L.T.)
3. पाठधर्मी पाठ Text Oriented Translation (T.O.T.)
4. रंगधर्मी पाठ Theatre Oriented Text (Th. O.T.)
5. प्रस्तुति आलेख पाठ Text of Production (T.O.P.)
6. मंचीय प्रस्तुति Visual Text (V.T.)
7. प्रेक्षकीय पाठ Audience Text (A.T.)

सबसे पहले रचनाकार के मनोमंच में ही नाटक की शुरुआत होती है। यह उनकी प्रतिभा (सामाजिक भावबोध, प्रतिबद्धता आदि) से संबंधित है। पात्र एवं नाट्य स्थितियों के रूपायन के बाद जब पात्र बोलने लगता है तब चरित्र और चारित्रिक स्वरूप के आधार पर अपनी भाषा में संवाद प्रस्तुत करते हैं तो नाटक की मूल भाषा का वैज्ञानिक स्वरूप सामने आता है। रचनाकार नाटक लिखते हैं। नाट्यानुवाद या पुनर्रचना के पहले चरण में नाटककार के मानसिक पाठ से वह एक भाषा में परिवर्तित होता है। दूसरे चरण में अनुवादक नाटक के संवाद को स्रोत भाषा से लक्ष्य भाषा में अनुवाद करता है। ज्यादातर अनुवादक मूल पाठ को ज्यों का त्यों लक्ष्य भाषा में पाठधर्मी अनुवाद प्रस्तुत करते हैं। अतः अनेक नाटकों का अनुवाद पुस्तकालय तक सीमित रहता है। वे कभी भी मंच पर नहीं आए हैं। जब भी इस प्रकार के नाटकों का मंचन करना चाहते हैं तो फिर से एक अनुवाद करना पड़ता है जिसे हम रंगधर्मी पाठ कह सकते हैं। इसी

पाठ के आधार पर निर्देशक मंच पर खेलने के लिए अपने प्रस्तुति पाठ तैयार करता है। रिहर्सल के समय इस पाठ में भी परिवर्तन हो सकता है। क्योंकि पूरी प्रक्रिया में यही प्रथम अवसर है, नाटक में, कि सभी तरह के कलाकारों का संगम हो जाता है। अंततः मंचीय प्रस्तुति हो जाती है। यह प्रस्तुति अपने आप में मंच पर पूर्ण पाठ है। यह देखने वाले प्रेक्षक अपने-अपने पाठ का निर्माण करते समय मंचीय नाटक को अपनाते हैं या देखते हैं। अर्थात् मंचीय प्रस्तुति में जो भी दृश्य मंच पर आते हैं उन्हीं का प्रभाव ही प्रेक्षक तक आ जाता है। तो मूल नाटककार के मूलभाव को प्रेक्षकों तक पहुँचाना प्रमुख रूप से तीनों के साहित्यकार, अनुवादक और रंगकर्मियों के सम्मिलित प्रयास से ही संभव है। अनूदित नाटकों के संदर्भ में यह उल्लेखनीय एवं विचारणीय है कि लक्ष्य भाषा की प्रेक्षक नाटक के मंचीय प्रस्तुति को कैसे स्वीकार करते हैं।

अब उपर्युक्त पद्धति के आधार पर साहित्यिक योगदान, मंचीय योगदान, प्रकार्य और सांस्कृतिक योगदान आदि चार तत्त्वों का विशद् विवेचन करना उचित रहेगा।

साहित्यिक योगदान

इसमें अनूदित नाटकों का लक्ष्य भाषा के लिए साहित्यिक योगदान क्या है—इसकी चर्चा है। कथ्य (कण्टेन्ट), शिल्प (टेकनिक), भाषा एवं शैली (लैंग्वेज एण्ड स्टाइल) और पाठकीय अनुक्रिया (रीडर्स रेसपोन्स)—इन चार बातों के आधार पर ही साहित्यिक योगदान का विश्लेषण कर सकते हैं। इन्हीं के आधार पर अनूदित नाटकों का मूल्यांकन करने से, उस अनुवाद से लक्ष्य भाषा के लिए कोई साहित्यिक योगदान प्राप्त हुआ है या नहीं, यह समझा जा सकता है।

कथ्य

कथ्य का संबंध केवल कथामात्र से न होकर नाटक की संपूर्ण घटनाओं और उसके उपाख्यानों के समूह से है। अपने उद्देश्य की पूर्ति के लिए मूल नाटककार अपने सामाजिक परिवेश से चुने गए कथानक, जो अनुवाद करते समय लक्ष्य भाषा के लिए बिल्कुल नवीन निकलेंगे। अतः कथ्य के संदर्भ में इन बातों के बारे में विशद् रूप से विश्लेषण करना है कि अनूदित नाटकों की, लक्ष्य भाषा के लिए क्या कोई कथ्यपरक नवीनता है, और है, तो किस तरह की?

शिल्प

शिल्प से तात्पर्य नाटक के कलेवर से है। वातावरण और परिवेश के अनुसार एक भाषा के नाटक की शिल्पगत विशेषताएँ, दूसरी भाषा के नाटक की शिल्पगत विशेषताओं से भिन्न होती हैं। नाटक का जब अनुवाद होता है तो यह भिन्नता अनूदित पाठ में भी दृष्टिगत होती है। कभी-कभी यह भिन्नता लक्ष्य भाषा के लिए नवीनतम प्रणाली बनेगी। अतः अनूदित नाटकों के साहित्यिक योगदान के बारे में चर्चा करते समय उसकी शिल्पगत बातों की ओर भी ध्यान देना ज़रूरी है।

भाषा और शैली

नाटक की भाषा में एक साथ ही काव्य जैसी गहन लाक्षणिकता, सूक्ष्मता और चित्रवत्ता और बोलचाल की भाषा की-सी मूर्तता और सरलता आवश्यक होती है। श्रेष्ठ नाटक की भाषा ऐसी होती है कि उसमें भाव, विचार और चित्र तीनों को वहन करने की सामर्थ्य तो हो, पर फिर भी वह बोलचाल की भाषा से दूर न हो।

नाटक में एक साथ दो भाषाओं का प्रयोग करते हैं। एक हरकत की और दूसरी शब्दों की। जो बात हरकत से व्यक्त करनी है, वह शब्दों से नहीं कह सकते और जो बात शब्दों से कहनी है उसे हरकत से नहीं व्यक्त कर सकते।[1] वाचिक अभिनय के अंतर्गत अभिनय से भी ज्यादा बल भाषा की संरचना पर है। असल में अभिनेता की जबान पर आकर संवाद केवल भाषा नहीं रह जाते हैं। अभिनय में भाषा वाणी में बदल जाती है और वाणी अभिनय में।[2]

भाषा की दृष्टि से अनूदित नाटकों का मूल्यांकन करने के लिए भाषा विज्ञान की सहायता भी लेना ज़रूरी है। ध्वनि शब्द, वाक्य और अर्थ आदि के वैज्ञानिक पहलुओं के आधार पर विवेचन करते हुए अनूदित नाटक का मूल्यांकन करें तो वह एक बड़ी सीमा तक सटीक बन जाएगा।

शैली का मतलब शब्द-योजना, वाक्यांशों के प्रयोग, वाक्यों की रचना तथा उनकी ध्वनि आदि से है–"भाषा का मूल आधार शब्द है जिन्हें उपयुक्त रीति से प्रयुक्त करने के कौशल को ही शैली का मतलब समझना चाहिए।"[3]

पाठकीय अनुक्रिया

पाठकीय अनुक्रिया के संदर्भ में इस बात पर विचार करना है कि अनूदित नाटक

पढ़कर पाठक किस प्रकार प्रभावित हुआ और उसके लिए क्या कारण है आदि। लक्ष्य भाषा के पाठक आदि अनूदित पाठ से प्रभावित होते हैं तो स्पष्ट है कि कुछ न कुछ नवीनता उसमें निहित है।

मंचीय योगदान

मंचीय योगदान से स्पष्ट है कि उसका विवेचन मंच पर प्रस्तुत करने के बाद ही संभव है। अतः मंचीय योगदान में प्रेक्षकीय अनुक्रिया पर विवेचन करना होगा। इस तत्त्व के अंतर्गत प्रमुख रूप से तीन बातों का विवेचन कर सकते हैं। जैसे अभिनेयता, समग्र प्रभाव और प्रेक्षकीय अनुक्रिया।

अभिनेयता

अभिनय के बिना नाटक को संपूर्णता प्राप्त नहीं होती। **डोनाल्ड विल्सन** की मान्यता है कि "नाटक की रचना अभिनय के निमित्त की जाती है। वास्तव में जब तक इसका अभिनय न हो, तब तक इसे नाटक की संज्ञा नहीं दी जा सकती।"[4] अभिनय प्रदर्शन का सबसे मूलभूत तत्त्व है। अभिनेयता ही नाटककार के साथ वह दूसरा सर्वप्रमुख और केंद्रीय सर्जनशील घटक है। रंगमंच पर नाटक की सफलता अभिनय की श्रेष्ठता पर निर्भर है। लेकिन इस बात की ओर भी ध्यान देना है कि यह अभिनय स्वाभाविकता से अपेक्षित होना चाहिए। अभिनय में स्वाभाविकता पर बल देते हुए **डॉ. रामकुमार वर्मा** ने कहा है कि—"अभिनेता में सर्वप्रथम तो स्वाभाविकता होनी चाहिए। उसका अभिनय स्वभावानुकूल तथा संयत हो। हाथ-पैर फेंकने की अपेक्षा उसके मुख पर भावाकृति का प्रदर्शन अधिक अपेक्षित है।"[5]

अनूदित नाटकों के संदर्भ में भी यह बात महत्त्वपूर्ण ही है, अतः अभिनेयता की दृष्टि से अनूदित नाटकों का मूल्यांकन करना है तो आंगिक, वाचिक, सात्विक एवं आहार्य अभिनय और तौर त्रिकम् (नृत्य, वाद्य, संगीत) आदि पर भी ध्यान रखना चाहिए।

समग्र प्रभाव

समग्र प्रभाव के अंतर्गत रंगमंच पर नाटक की प्रस्तुति-संबंधित सभी तत्त्वों के सम्मिलन से क्या प्रभाव पड़ता है—इस पर विवेचन करना चाहिए। मंचीय प्रस्तुति से रंगमंच के लिए क्या योगदान है, इस बात की ओर भी यहाँ प्रकाश डालना है। प्रत्येक नाटक कोई न कोई सामाजिक परिवेश प्रस्तुत करता है और कभी-कभी

विशेष प्रकार का मानसिक अथवा आध्यात्मिक वातावरण भी। यह वातावरण नाटकीय प्रभाव का मूलभूत अंग होता है। रंगमंच पर प्रस्तुत करते समय निर्देशक नाना उपकरणों और दृश्य तथा प्रकाश-योजना द्वारा इस वातावरण का निर्माण करता है। समग्र प्रभाव के अंतर्गत आने वाली और प्रमुख बात है ध्वनि प्रभाव। ध्वनि प्रभाव के प्रसंगानुकूल समावेश से नाटक की प्रभाव वृद्धि में सहायता अवश्य मिलती है। वास्तव में ध्वनि प्रभाव अपने अदृश्य संकेतों द्वारा रंगमंच की कमी की पूर्ति करता है। आँधी, तूफान, मेघ-गर्जन आदि से लेकर अनेक क्रियाएँ तथा भावों का उतार-चढ़ाव, मंच की दृश्य सज्जा तथा अभिनय का अभाव मिटाने के लिए ध्वनि प्रभाव से सहायता मिलती है। अतः ध्वनि प्रभाव की सार्थकता दृश्य-साधनों के अभाव की पूर्ति तथा आंगिक एवं सात्विक अभिनय का अभाव देने में है। यदि ध्वनि प्रभाव उचित अवसर पर तथा उचित मात्रा में दिए गए तो वे नाटक के उत्कर्ष-विधान में सहायक होते हैं।

अनूदित नाटकों के मूल्यांकन के लिए उपर्युक्त बातों का भी आधार बनाना नितांत ज़रूरी है।

प्रेक्षकीय अनुक्रिया

नाट्य प्रदर्शन का एक वस्तुनिष्ठ तत्त्व है दर्शक वर्ग या प्रेक्षक वर्ग। नाटक का सर्जन वस्तुतः नाटककार नहीं बल्कि नाटककार, नाट्य प्रयोक्ता, रंगकर्मी एवं प्रेक्षक मिलकर करते हैं।

नाटक के प्रेक्षक को दो श्रेणियों में रखा जा सकता है–साधारण प्रेक्षकगण और माध्यम का ज्ञान रखने वाले प्रेक्षकगण। साधारण प्रेक्षक अपनी रुचियों और संस्कारों में, अपनी रंगमंच संबंधी उपेक्षाओं में, अभ्यासों और व्यवहारों में माध्यम का ज्ञान रखने वाले प्रेक्षक से बहुत भिन्न है। वास्तव में अभी तक ऐसे नाट्य रूप विकसित नहीं हो पाए हैं जो दोनों श्रेणियों के प्रेक्षक वर्ग के लिए सामान्य हो सकें। लेकिन यह एक प्रकार से आशाप्रद है कि अभी हाल में हर भाषा और हर नगर में एक छोटा-सा प्रेक्षक वर्ग क्रमशः उत्पन्न होता जा रहा है जो आसानी से संतुष्ट नहीं होता, जो सूक्ष्मता की ओर जाता है और आलोचनात्मक दृष्टि से संपन्न है। वह नाटक प्रदर्शनों को श्रेष्ठतम मानदण्डों से नापता है और श्रेष्ठ सिद्ध हुए अन्य नाटक प्रदर्शनों से उनकी तुलना करता है और ऊँचे से ऊँचे स्तर की माँग करता है। रंगमंच के बारे में वह क्रमशः अधिक शिक्षित भी होता जाता है। अभिनय, रंगसज्जा, प्रकाश योजना आदि के बारे में भी, उसकी जानकारी

बढ़ गई है। एक प्रकार से प्रेक्षक वर्ग का यह अंश ही रंगमंच के ऊँचे सर्जनात्मक स्तर पर आग्रह करेगा और उसके सहारे ही ऐसा रंगमंच टिक सकेगा। यदि रंगमंच कला विधा के रूप में जीवित रहना है तो यह एक अनिवार्य प्रक्रिया है। संवेदनशील प्रेक्षक वर्ग का विकास जिस प्रकार कलात्मक प्रदर्शनों पर आश्रित है उसी प्रकार स्वयं प्रदर्शनों की सर्जनशीलता और कलात्मकता सुरुचि संपन्न संवेदनशील प्रेक्षक वर्ग के सहारे, उसकी माँग और आग्रह पर ही टिकी रह सकती है। अतः इसमें कोई संदेह नहीं कि कोई भी रंगमंच अपने प्रेक्षक वर्ग के प्रति उदासीन रहकर उसके स्तर, रुचि और आग्रह की उपेक्षा करके, अपने आप को न केवल सार्थक बना सकता है, बल्कि अपना अस्तित्व बनाए रखना भी उसके लिए कठिन होगा।

नाटक का प्रेक्षक वर्ग, पुस्तक के पाठक चित्र के दर्शक, संगीत के श्रोता से मूलतः भिन्न है। क्योंकि नाटक देखने की क्रिया एक सामूहिक क्रिया है। नाटक कोई व्यक्ति अकेले नहीं देखता, एक समुदाय में समाज के बहुत से भिन्न सुरुचियों, शिक्षा और आर्थिक परिस्थितियों वाले लोगों के साथ देखता है। बहुत ही महत्त्वपूर्ण बात तो यह है कि नाटक देखते समय प्रेक्षक अपने व्यक्तिगत रूप में ही नहीं, मुख्यतः अपने सामाजिक रूप में प्रभावित होता है। "प्रेक्षक वर्ग अलग-अलग व्यक्तियों का जोड़ नहीं, वह एक प्रकार की नई सामाजिक इकाई है जिसमें शायद हमारा आदिम सामूहिक, समष्टिमूलक व्यक्तित्व उभरकर जाग्रत होता है। अतः नाटक का मूल्यांकन प्रेक्षक का ही काम है। प्रेक्षक को पृथक करके, उसकी अनुक्रिया की ओर ध्यान दिए बिना किसी भी नाटक का सही मूल्यांकन संभव नहीं होगा। अनूदित नाटकों के संदर्भ में भी यह बात लागू करने में कोई आपत्ति नहीं।"

प्रकार्य

इस तत्त्व का आधार ही प्रयोजन है। अनूदित नाटकों से क्या कोई प्रयोजन है या नहीं है? तो वह क्या है—आदि बातों पर विचार करना इस तत्त्व के अंतर्गत आने वाली प्रक्रिया है। इसके आधार पर नाट्यानुवाद को दो वर्गों में विभाजित कर सकते हैं—गतिशील अनुवाद और जड़ अनुवाद। गतिशील अनुवाद का मतलब है—गतिशीलता। यह गतिशीलता सामाजिक भूमिका के आधार पर माप सकते हैं। अगर अनूदित कृति को कोई सामाजिक भूमिका निभानी है तो वह गतिशील रहता है और मंचीय प्रस्तुति भी हो सकती है। मतलब यह है कि अनूदित नाटकों से सही प्रयोजन संभव है तो वह गतिशील है; नहीं तो वह जड़ है, मौन है। कभी-कभी अनुवद्यता के कारण भी नाट्यानुवाद जड़ या मौन बन जाएगा।

सांस्कृतिक योगदान

अनूदित नाटकों के मूल्यांकन में यह तत्त्व सबसे महत्वपूर्ण है। विशेषकर भारत के सन्दर्भ में अनूदित नाटकों के मूल्यांकन में इस तत्त्व का सर्वाधिक महत्त्व है। इसके अंतर्गत मूल रूप से दो बातों पर विचार कर सकते हैं।

1. देशीय संस्कृति और 2. देशीय संस्कृति के नए आयाम—सामासिक संस्कृति।

देशीय संस्कृति

संस्कृति एक ओर मानव की क्रीड़ा की महत्त्वपूर्ण अभिव्यक्ति है और दूसरी ओर उसकी सर्जनात्मक सामर्थ्य, उसके आध्यात्मिक वैभव का मानदंड भी है। वह अपने आदिम रूप में चित्तानुरंजन के उद्देश्य से ही की गई अवकाश कालीन गतिविधि होने के कारण आज भी समाज के मनोरंजन की पद्धतियों से अभिन्न रूप में जुड़ी हुई है। किसी भी संस्कृति की सर्जनात्मक संकल्पात्मक अभिव्यक्तियों पर विचार करने से यह बात तीव्रता से स्पष्ट हो जाती है। काव्य, साहित्य, चित्रकला, मूर्तिकला, संगीत, नृत्य, नाटक आदि सभी रचनात्मक अभिव्यक्तियाँ जहाँ किसी समाज के मौलिक आदर्शों को और मूल्यों को प्रकट करती हैं, वहीं से मूलतः व्यक्ति तथा समुदाय के मनोरंजन का भी सबसे महत्त्वपूर्ण और सबसे परिष्कृत तथा समृद्ध साधन होती हैं। कलात्मक अभिव्यक्ति द्वारा समाज का सर्वाधिक वांछनीय और संस्कृत अनुरंजन होता है जो जनमानस का परिष्कार भी करता है और संस्कृति के मौलिक मूल्यों और स्वरूप की स्थापना भी।

सभी कलाओं के लिए यह बात निरपवाद रूप में सत्य है, पर रंगमंच के लिए इसका विशेष महत्त्व है क्योंकि रंगमंच कलात्मक अभिव्यक्ति का ऐसा माध्यम है जिसमें मनोरंजन का अंश अन्य कलाओं की तुलना में अपेक्षाकृत सबसे अधिक है। रंगमंच की यह विशेषता उसे किसी भी देश काल की संस्कृति का महत्त्वपूर्ण उपादान बनाती है बल्कि साथ ही उसे उस संस्कृति के प्रसार और विस्तार का भी सबसे प्रधान साधन बनाती है। संयुक्त दृश्य और श्रव्य माध्यम होने के कारण विस्तार की दृष्टि से उसका प्रभाव समुदाय के शिक्षित-अशिक्षित सभी वर्गों पर पड़ता है। नाटकघर में विभिन्न वर्गों के दर्शक एक साथ बैठते और मंच पर प्रस्तुत नाटक की भाव दशाओं का एक साथ आस्वादन करते हैं।

सामासिक संस्कृति

भारत बहुभाषा-भाषी राष्ट्र है। हर एक प्रांत की अपनी देशीय संस्कृति है। खान-पान, वेश-भूषा, आचार-विचार, रहन-सहन और शब्दावली तक हर एक के लिए अलग-अलग है। इन्हीं के आधार पर अपनी भाषा में नाटककार नाट्य रचना करता है। इन नाट्य रचनाओं को राष्ट्रभाषा हिंदी में अनुवाद करने पर संस्कृति को एक नया आयाम प्राप्त होता है जिसे सामासिक संस्कृति कह सकते हैं। यह सामासिक संस्कृति भारतीयता हासिल करने के लिए ज़रूरी है, नाट्यानुवाद से यह संभव है।

निष्कर्ष रूप में हम कह सकते हैं कि अनूदित नाटकों का अध्ययन करने के लिए प्रयोजनमूलक मूल्यांकन पद्धति ही सर्वथा उपयुक्त है। इसके अंतर्गत लक्ष्य भाषा के लिए अनूदित कृति के साहित्यिक योगदान, मंचीय यीगदान, प्रकार्य एवं सांस्कृतिक योगदान का मूल्यांकन कर सकते हैं। साहित्यिक योगदान के अंतर्गत कथ्य, शिल्प, भाषा-शैली, पाठकीय अनुक्रिया आदि तत्त्वों को ले सकते हैं और मंचीय योगदान के अंतर्गत अभिनेयता, समग्र प्रभाव, प्रेक्षकीय अनुक्रिया आदि। प्रकार्य में नाटक का प्रयोजन क्या है? इस संबंध में विचार करना है। सांस्कृतिक योगदान में देशीय संस्कृति एवं सामासिक संस्कृति को बनाए रखने में अनूदित कृतियों के योगदान का मूल्यांकन कर सकते हैं।

संदर्भ

1. विपिन कुमार अग्रवाल–आधुनिकता के पहलू, पृ. 84
2. गोविन्द चातक–रंगमंच, पृ. 42
3. श्रीमती गिरिजा सिंह–हिंदी नाटकों की शिल्पविधि, पृ. 424
4. "A play is written to be performed in fact is not a play until it has been performed".—Television playwright, Introduction by Donald Wilson, P.B.
5. निर्मल हेमन्त : आधुनिक हिंदी नाटककारों के नाट्य सिद्धांत, पृ. 256

नाट्यानुवाद की समस्याएँ : सैद्धांतिक पक्ष

बीसवीं सदी में अनुवाद व्यक्ति की सामाजिक आवश्यकता बन गई है। आज के संसार में संप्रेषण के माध्यम के रूप में अनुवाद अपना निश्चित योगदान दे रहा है। आज की आवश्यकताओं ने संप्रेषण-व्यापार के विभिन्न संदर्भों के बीच अनुवाद को ला बिठाया है। अतः अनुवाद अपने प्रयोजन में बहुमुखी और बहुआयामी बन चुका है। इस दृष्टि से नाट्यानुवाद की समस्याओं का सैद्धांतिक विवेचन करते वक्त, नाटक के मूल पाठ से लेकर लक्ष्य भाषा के प्रेक्षकों तक के विभिन्न स्तर की सारी प्रक्रियाओं को ध्यान में रखना जरूरी हो जाता है ताकि वह प्रयोजनमूलक हो। इस प्रकार के अनुवाद में अनुवादक को बहुत-सी समस्याओं का सामना करना पड़ता है। इन समस्याओं को मोटे तौर पर निम्नलिखित भागों में बाँटकर विवेचना कर सकते हैं। जैसे–

(क) भाषिक समस्याएँ
(ख) सांस्कृतिक समस्याएँ
(ग) मंचीय समस्याएँ

(क) नाट्यानुवाद की भाषिक समस्याएँ

नाटक का पाठ हमें संवादों के रूप में मिलता है जो नाट्य भाषा का प्रमुख अंश है। जैसे कि हम जानते हैं, आधुनिक नाटककार अनुकूल नाटकीय शब्द और भाषा की अनिवार्यता की तलाश में है और नाटक में भाषा और शब्द के सूक्ष्म अंतःसंबंधों पर उनकी दृष्टि है, इसलिए वे नाटकीय शब्द और भाषा का रंगमंच के संदर्भ में विभिन्न दृष्टियों से अध्ययन भी करते हैं। अतः रंगानुवाद की भाषिक समस्याओं के विश्लेषण में शब्द और ध्वनि, अर्थ, ध्वनि और मौन, ध्वनि और बिंब, नृत्य,

संगीत आदि तत्त्वों को विशेष रूप से ध्यान में रखना चाहिए।

भाषा ध्वनि प्रतीकों की वह व्यवस्था है जिसकी सहायता से मानव अपने विचार दूसरों को व्यक्त करता है।[1] अर्थात् शब्द हमारे विचारों, भावनाओं एवं संकल्पों को व्यक्त करने के लिए उपयुक्त प्रतीक मात्र हैं। नाटक के संवाद में प्रयुक्त शब्द एवं ध्वनि की अपनी विशेषता रहती है, परंतु नाट्यानुवाद में भी एक भाषा के प्रतीकों को दूसरी किसी भाषा में उपयुक्त प्रतीकों से बदला जाता है। अतः नाट्यानुवाद के साहित्यिक पहलू और भाषा विज्ञान का संबंध स्पष्ट है।

नाट्यानुवाद की भाषावैज्ञानिक समस्याओं को निम्नानुसार बताया जा सकता है–

1. व्यतिरेकी भाषावैज्ञानिक समस्याएँ
2. ध्वनिवैज्ञानिक समस्याएँ
3. वाक्य वैज्ञानिक समस्याएँ
4. अर्थ वैज्ञानिक समस्याएँ

1. व्यतिरेकी भाषावैज्ञानिक समस्याएँ–नाट्यानुवाद का संबंध दो भाषाओं से है और दो भाषाओं में व्यतिरेक हर स्तर पर होता है, अर्थात् ध्वनि, शब्द, वाक्य, रूप, अर्थ आदि पाँच-छह स्तरों पर व्यतिरेक पाया जाता है। स्रोत और लक्ष्य भाषा में संरचना की समानता जहाँ पाई जाती है, उनका अनुवाद आसानी से किया जा सकता है, परंतु काल, क्रिया, लिंग, वचन आदि में व्यतिरेक के कारण जो असमानताएँ होती हैं, उन भागों का नाट्यानुवाद करते समय मुसीबतें नज़र आने लगती हैं। उदाहरण–अगर अंग्रेज़ी में एक व्यक्ति कहता है–

''ऑल स्टूडेण्ट्स आर सिटिंग इन दि क्लास''

तो यह वाक्य सातत्य वर्तमान काल में है और इसका हिंदी अनुवाद होगा–

''सभी विद्यार्थी कक्षा में बैठ रहे हैं।''

यहाँ अनुवाद में बैठने की प्रक्रिया अब भी चालू है। अतः वाक्य का अनुवाद होगा–

''सभी विद्यार्थी कक्षा में बैठे हैं।''

पर अब वाक्य पूर्ण वर्तमान काल का हो गया है। इसी प्रकार स्रोत एवं लक्ष्य भाषाओं के लिंग, वचन, क्रिया आदि में भी व्यतिरेक होते हैं जिनकी ओर नाट्यानुवाद में विशेष ध्यान देना चाहिए क्योंकि नाटक में संवादों के अर्थ में हेर-फेर होने से नाटक की दिशा ही बदल जाती है।

वाक्य स्तर पर व्यतिरेक 'सह प्रयोगों' में पाया जाता है, जैसे–अंग्रेज़ी के 'टू टेक मेडिसिन' का अनुवाद हिंदी में 'दवा लेना' कर देते हैं, जब कि हिंदी भाषा के अनुकूल सहप्रयोग है 'दवा खाना' या 'दवा पीना'। शब्द स्तर पर व्यतिरेक तब पाया जाता है–जब स्रोत भाषा के एक शब्द के लिए लक्ष्य भाषा में समस्तरीय पर्याय न मिलें। उदाहरण–हिंदी से अगर अंग्रेज़ी में अनुवाद किया जा रहा है, तो 'तू', 'तुम', 'आप' इन तीनों शब्दों के लिए अंग्रेज़ी में एक शब्द प्रयुक्त है, 'यू'। इसी प्रकार अंग्रेज़ी के 'ही' (पुल्लिग द्योतक 'वह') और 'षी' (स्त्री.) तथा 'इट' (नपु. लिंग इन) तीनों शब्दों के लिए हिंदी में केवल 'वह' शब्द का प्रयोग किया जाएगा। इस प्रकार के शब्दों का प्रयोग, और उनसे उत्पन्न समस्याएँ मामूली नज़र आएँगी, परंतु यह समस्याएँ भी अनुवादक को प्रायः अचंभे में डाल देती हैं। मूल भाषा के व्याघात के कारण नाटक के संवाद अटपटे लगेंगे, उनकी जीवंतता को हानि पहुँच सकती है, इसीलिए अनुवाद की तुलना एक कस्टम हाउस से की गई है, जिससे होकर स्रोत भाषा के प्रयोग का विदेशी माल लक्ष्य भाषा में अन्य स्रोतों की तुलना में अधिक आ जाता है, यदि अनुवादक अपेक्षित सतर्कता न बरतें।[2]

2. नाट्यानुवाद की ध्वनिवैज्ञानिक समस्याएँ–नाट्यानुवाद में ध्वनि पर ज्यादा महत्त्व देना पड़ता है। क्योंकि नाटकीयता संवाद में निहित ध्वनि पाठ (सब टेक्स्ट) के अर्थ पर आधारित है जिसका रंग प्रयोग होता है।

दो भाषाओं की ध्वनियों में व्यतिरेक के कारण व्यक्तिवाचक नामों का अनुवाद समस्या बन गई है। हर भाषा की अपनी उच्चारण शैली होती है और इसी शैली के अनुसार ध्वनियों या शब्दों का उच्चारण होता है। उदाहरण–अंग्रेज़ी में मिट्टराण्ड (Mitterand) वर्तनी वाले नाम का उच्चारण मिट्टराण्ड नहीं, केवल मित्तराँ होता है। जब ऐसे एक नाम का अनुवाद किया जाए तो अनुवादक के सामने यह समस्या आ जाती है कि इस लिखित शब्द का अनुवाद किया जाए अथवा उच्चरित शब्द का। साधारण तौर पर अनुवादक को उच्चारण के अनुसार अनुवाद करने की सलाह दी गई है।

नाट्यानुवाद में, ध्वनियाँ विशेष रूप से समस्याएँ उत्पन्न करती हैं, नाटकों का सीधा संबंध संवादों से है और संवादों में पात्रानुकूल उच्चारण का बड़ा महत्त्व है, इसीलिए अनूदित नाटक में लक्ष्य भाषा की ध्वनियों तथा पात्रों की सामाजिक, आर्थिक, शैक्षिक स्थिति के अनुसार ध्वनियों का प्रयोग, नाटक को अधिक आस्वाद्य बनाएगा। मूल भाषा की व्यक्तिवाचक संज्ञा को भी, स्रोत भाषा के अनुकूल बदला

जाता है, अन्यथा, जयशंकर प्रसाद के नाटक में 'अलक्साण्डर' 'अलक्षेंद्र' में नहीं बदला जाता।

यही नहीं, मलयालम की 'ळ' ध्वनि हिंदी में उच्चरित ही नहीं होती, उसी प्रकार 'तकषी' नाम की 'ष' ध्वनि भी हिंदी में पाई नहीं जाती। अतः जब मलयालम से हिंदी में अनुवाद किया जाए, तो इन ध्वनियों को ज्यों का त्यों छोड़ना ही उचित है। जहाँ ऐसा करना मुमकिन नहीं है वहाँ उनको लक्ष्य भाषा के अनुकूल बनाना चाहिए।

यही नहीं, नाटक में प्रत्येक पात्र संवादों को किस प्रकार बोलता है, अर्थात् उसकी 'आंतरिक ध्वनि' क्या है, इस पर आधारित होकर वाक्य के अर्थ में परिवर्तन होता है और अनुवाद में इस 'ध्वनि' को भी लाना चाहिए अन्यथा नाटक और संवादों की रूह नष्ट हो जाएगी।

उदाहरण–हिंदी में 'गया' अगर प्रश्न पूछने के तौर पर कहें, तो अर्थ होगा 'क्या वह गया?' परंतु अगर उसका तत्काल अनुवाद 'gone' या 'went' किया जाए और हिंदी सुरलहर का ही प्रयोग किया जाए तो वह सफ़ल अनुवाद नहीं माना जाएगा।

3. नाट्यानुवाद की वाक्यवैज्ञानिक समस्याएँ–वाक्य विज्ञान में वाक्यों का विश्लेषण और अध्ययन होता है और इसी से पता चलता है कि वाक्य के किस शब्द पर, कैसे बल देने से अर्थ में परिवर्तन होता है। इसकी ओर विशेष ध्यान देते हुए अनुवाद करना अत्यंत आवश्यक है। नाटक में बलाघात और सुरलहर के उचित प्रयोग से ही कई ऐसे अर्थ ध्वनित किए जाते हैं, जो संवाद के लिखित रूप में स्पष्ट नहीं होते।

उदाहरण 'मैं इलाहाबाद नहीं जा रहा हूँ।' इस वाक्य में यदि बलाघात 'इलाहाबाद' शब्द पर दें तो अर्थ होगा–'मैं इलाहाबाद नहीं, किसी अन्य जगह जा रहा हूँ।' परंतु अगर बलाघात 'नहीं' शब्द पर है तो अर्थ होगा–'मैं अभी इलाहाबाद नहीं जा रहा हूँ'। इस प्रकार बलाघात पर आधारित होकर वाक्य के बाह्य एवं आंतरिक संरचना में फर्क आता है, तो अर्थ भी परिवर्तित होता है। 'मैंने दौड़ते हुए शेर को मारा' वाक्य भी ऐसी ही समस्या से युक्त वाक्य है जिसका अर्थ बलाघात और संदर्भ की जानकारी से पता चलता है। नाटकों में ऐसे वाक्य कितनी ही बार संवादों में प्रयुक्त होते हैं और उनको समझे बिना अनुवाद किया गया तो अर्थ का अनर्थ हो जाएगा।

4. नाट्यानुवाद की अर्थवैज्ञानिक समस्याएँ–अर्थविज्ञान में किसी भाषा के

अर्थ पक्ष का अध्ययन होता है। अतः अनुवाद और अर्थविज्ञान का निकट संबंध है। साहित्य में अर्थ शब्दानुवाद ही नहीं, संदर्भानुवाद भी पहचाने जाते हैं। व्यंग्यार्थ, कोशार्थ आदि के कारण भी एक ही शब्द के अनेक अर्थ हो जाते हैं और यही अनुवादक के सामने समस्या खड़ी करते हैं।

प्रत्येक भाषा के अपने-अपने नियम होते हैं। उनको दूसरी भाषा में उसी प्रकार उतारना मुमकिन नहीं। अंग्रेज़ी के कुछ शब्द ऐसे हैं जिनका एकवचन में एक अर्थ होता है, तो बहुवचन में दूसरा अर्थ। उदाहरण एयर–वायु, एयर्स–हाव-भाव। परंतु हिंदी में वायु का बहुवचन रूप है ही नहीं और अंग्रेज़ी भाषा के इस अनूठेपन से अपरिचित व्यक्ति इसका अनुवाद करने में कठिनाई महसूस करेगा।

इसी प्रकार 'वुड'–'लकड़ी' होता है। परंतु 'वुड्स'–जंगल है, लकड़ियाँ नहीं। इस प्रकार के शब्दों को पहचानने का सामर्थ्य अनुवादक में होना चाहिए और उसे एकवचन-बहुवचन के चक्कर में न पड़कर अर्थ का ही अनुवाद करना चाहिए।

अर्थविज्ञान में काल या समय के साथ अर्थ परिवर्तन होने की बात कही गई है। ऐसा होने के कारण अनुवादक को इस बात की जानकारी होनी चाहिए कि मूल कृति किस काल में लिखी गई है और उस काल में प्रत्येक शब्द का क्या अर्थ रहा था। उदाहरण–'गवेषणा' शब्द का मूल अर्थ 'गो का अन्वेषण' था, परंतु आज यह 'शोध' का पर्याय है। यही नहीं, एक समान स्रोत से, एक ही शब्द दो भिन्न भाषाओं में जाकर अलग-अलग अर्थ में प्रयुक्त होते हैं। उदाहरण–संस्कृत के कुछ शब्द ऐसे हैं जिनको हिंदी और मलयालम दोनों ने अपनाया है परंतु दोनों में उसका अर्थ भिन्न हो सकता है–जैसे संस्कृत शब्द 'मृग' हिंदी में 'हिरण' के लिए प्रयुक्त है, तो मलयालम में 'जानवर' के लिए। परंतु जब कभी मलयालम से हिंदी में अथवा हिंदी से मलयालम में अनुवाद होता है, तो अनुवादक इस प्रकार के शब्दों का एक ही अर्थ–मानने की भूल करते हैं। उदाहरण–संस्कृत का 'कल्याण' शब्द हिंदी में आनंददायक, सुखकर, सौभाग्य, मंगल, शुभ आदि अर्थ देता है और मलयालम में–'विवाह'।

इसी प्रकार मुहावरे व लोकोक्तियों के अनुवाद में भी समस्या उत्पन्न होती है, क्योंकि साधारणतया इनका अर्थ वह नहीं होता जो शब्दों से लगता है। इसलिए इनका ठीक-ठीक अर्थ समझकर उनके समतुल्य मुहावरे नहीं मिलें, तो लक्ष्य भाषा समाज के अनुकूल शब्दों में उनका भावानुवाद करना ही उचित है। उदाहरण शेक्सपियर के 'ओथलो' नामक नाटक को श्री हरिवंश राय बच्चन ने हिंदी में अनुवाद किया तो एक मुहावरा इस प्रकार था–'मोर प्रेटल विथाउट प्राक्टीस ईस

ऑल हिस सोलज़रशिप'

'हाथों में तलवार की जगह जबड़ों के अंदर कैंची है।'

'कर्म के बिना, केवल बातें बनाना' इस अर्थ में 'जबड़ों के अंदर कैंची' वाक्यांश का प्रयोग हिंदी भाषा के अनुकूल तो है ही, अर्थ को भी पूरी तरह द्योतित करता है।

प्रस्तुत भाषावैज्ञानिक समस्याओं के अलावा नाट्य भाषा का अपना महत्त्व है। नाटक की भाषा रंग भाषा होने के नाते रंगमंच के व्याकरण के साथ उसका अटूट संबंध होना जरूरी हो जाता है। इसलिए कुछ और महत्त्वपूर्ण बातों की ओर ध्यान देना यहाँ आवश्यक है।

नाट्य भाषा की विशेषताएँ

नाटक शाब्दिक कला है, इस नाते उसकी भाषा संज्ञा, सर्वनाम, क्रिया विशेषण आदि पदों वाली भाषा भी है, परंतु नाटक दृश्यकाव्य है, और इसलिए भाषा के साहित्यिक पहलू के साथ दृश्यविधान, अभिनय और रंगतत्त्व आदि की अभिव्यक्तिपरक क्षमता जुड़कर उसके भाषिक रूप की महत्ता को और अधिक बढ़ा देती हैं। इसलिए नाट्य भाषा एक ऐसा तत्त्व है, जो नाट्यकृति और रंग प्रस्तुति दोनों के मूल में है।

'नाट्य भाषा का महत्त्व उसके दृश्यत्व और दृश्य के साथ जुड़े होने में है। वस्तुतः उसमें जो 'देखा' जाता है वह 'सुने जा रहे' का ही रूपांतर होता है।'[3] इस प्रकार नाटक की भाषा में शब्द से कार्य और कार्य से शब्द जन्म लेते हैं तथा दृश्य, कथ्य, कथावस्तु सभी भाषा के बीच में से उत्पन्न होते हैं। नाट्य भाषा में जो कहा गया है, और जो कहा नहीं गया है दोनों ही समान रूप से अर्थवान् होते हैं।

उसमें एक-एक शब्द या वाक्यांश महत्त्वपूर्ण नहीं, जो अनकहा रह गया और ध्वनित जो व्यंजित मात्र होकर जो समग्र प्रभाव होता है, वही महत्त्वपूर्ण है। अर्थात् दो विरोधी संवाद एक तीसरे व्यंग्यार्थ को भी उजागर करने की क्षमता रखते हैं। और अभिनय में यह अर्थ और अधिक स्पष्ट हो जाता है। 'वस्तुतः नाटक की भाषा जीवन की भाषा है जिसके साथ मानव मन की भावमयी अनुभूतियाँ मुद्राएँ, क्रियाएँ और स्थितियाँ सदा जुड़ी होती हैं, इसलिए उसमें किताब की भाषा से अलग संवेदना के स्वरों की अनुगूँज निहित होती है जो अभिनेता की उद्‌भावनाओं से जीवंत हो उठती है।'[4] और इस प्रकार नाटक की भाषा 'भाषा से परे एक भाषा बन जाती है।'[5] (लांग्वेज़ बियोण्ड ए लांग्वेज़)।

अभिनेता अपने अभिनय से नाटक के भाषिक अर्थ में कुछ अधिक अर्थ भर देता है, जिससे निहितार्थ (सब-टेक्स्ट) उजागर हो जाता है। इन विशेषताओं की जानकारी और विश्लेषण के बाद ही नाट्यानुवादक को संवादों को लक्ष्य भाषा में उतारना चाहिए। ऐसा होने पर ही मूल नाट्य भाषा के जितने अभिधापरक, सूचनापरक, संदेशपरक तथा संकेतपरक अर्थ हैं, वे सब लक्ष्य भाषा में अनूदित होकर आ पाएँगे और मूल की नाटकीयता अपने वास्तविक तल पर लक्ष्य भाषा में भी आ जाएगी।

(ख) नाट्यानुवाद की सांस्कृतिक समस्याएँ

नाट्यानुवाद की सबसे बुनियादी समस्या सांस्कृतिक परिवेश के अंतरण की है और कभी-कभी इसी से अनुवाद में नाटक की आत्मा के उभर पाने में बाधा आ जाती है। इन सांस्कृतिक समस्याओं के विश्लेषण के पूर्व मानव की संस्कृति के बारे में प्रकाश डालना समीचीन रहेगा।

चूँकि आचार-विचार, जीवन-रीति का ही दूसरा नाम संस्कृति है, हर संस्कृति अपनी एक अलग भाषा से जुड़ी है। मानव जिस प्रकार किसी सभ्यता संस्कृति को लेकर चलता है, उसी प्रकार उसकी भाषा भी किसी-न-किसी सभ्यता संस्कृति के परिवेश में प्रवाहमान है।[6] अतः प्रत्येक भाषा का एक विशिष्ट सांस्कृतिक परिवेश होता हे, जिसके निर्माण में उस भाषा के बोलने वालों की ऐतिहासिक, सामाजिक एवं भौगोलिक परिस्थितियों का हाथ रहता है।

1. भारतीय संस्कृति--भाषा, जीवन-रीति, रंग-रूप, धर्म, दर्शन आदि सभी बातों में भारत के भिन्न-भिन्न प्रांतों में विभिन्नता पाई जाती है। परंतु इस अनेकता में एकता ही भारतीय संस्कृति का आदर्श रहा है। जहाँ तक भारतीय संस्कृति का प्रश्न है, भारतीय संस्कृति नाना जातियों की साधनाओं के परस्पर सम्मिलन से बनी है। नेग्रिटो, आग्नेय, आर्य, द्रविड़, ईरानी, यवन, शक, पहलव, हूण, अरब, मुगल आदि जातियों की संस्कृति का मिलन यहाँ हुआ है। अतः वर्तमान काल का प्रत्येक विचार, विश्वास और सामाजिक तथा राजनीतिक प्रथा विभिन्न तत्त्वों से मिलकर बना है।[7] इस प्रकार भारत में एक ऐसी सामासिक संस्कृति पाई जाती है जो एक-दूसरे में धुल-मिल तो चुकी है, फिर भी एक-दूसरे से अलग है। यह सांस्कृतिक परिवेश की भिन्नता दो भारतीय भाषाओं के बीच अनुवाद को उतनी ही कठिनाइयों से भरी बनाती है जितना दो विदेशी भाषाओं के बीच अनुवाद में नज़र आता है। अतः नाट्यानुवाद की सांस्कृतिक समस्याओं का विश्लेषण

प्रमुख रूप से भौगोलिक परिस्थितियाँ, रहन-सहन, वेश-भूषा, आचार-विचार आदि जीवन के विविध पक्षों पर आधारित है।

2. भौगोलिक स्थिति तथा जलवायु पर आधारित–भारत की भौगोलिक स्थिति ऐसी है कि यहाँ हर एक प्रांत, दूसरे किसी प्रांत से भिन्न है। यहाँ कहीं ऊँचे पहाड़ हैं, तो कहीं सपाट मैदान, कहीं शस्यश्यामल प्रदेश है और कहीं निर्जल मरुभूमियाँ। जलवायु में भी आर्द्रतम और शुष्कतम, ठंडे से ठंडा और गर्म से गर्म सभी प्रकार की स्थितियाँ यहाँ मिलती हैं। ऋतु परिवर्तन की भिन्नता, भौगोलिक स्थिति और जलवायु के आधार पर नाना प्रकार के वृक्ष-वनस्पति और पशु-पक्षी यहाँ मिलते हैं। और उसी के अनुकूल मनुष्य ने अपने जीवन और आचार-विचार को बना दिया है। इसलिए जब एक साहित्यिक कृति में किसी शस्यश्यामल प्रदेश का वर्णन है या सागर के किनारे के जीवन का वर्णन है, तो उस कृति का आस्वादन राजस्थान जैसे मरुभूमि वासी या हिमाचल के पठारों के लिए मुमकिन नहीं है। वनस्पति की भिन्नता से भी कठिनाइयाँ होती हैं। केरल में नारियल के पेड़ों की अधिकता है। यहाँ इस पेड़ के हर एक भाग का उपयोग होता है। केरल में कुछेक समाज ही ऐसे हैं जो नारियल के पेड़ के भिन्न भागों से चटाई, रस्सी आदि बनाकर अपना गुज़ारा करते हैं। इनकी जिंदगी या तौर-तरीके अगर किसी साहित्य में प्रकट हों, तो उसके अनुवाद को समझना ही नहीं उनके द्वारा उपयुक्त आंचलिक, उनकी संस्कृति से बँधे शब्दों का अनुवाद करना ही कठिन है।

3. रहन-सहन, खान-पान, वेशभूषा पर आधारित–भौगोलिक परिस्थिति और जलवायु के अनुसार वहाँ के लोगों के रहन-सहन, खान-पान और वेश-भूषा में भी फर्क आता है। पानी की सुलभता और वर्ष में दो बार की 'वर्षाकाल' के कारण केरल में चावल की खेती अधिक होती है और यहाँ वही भोजन का मुख्य भाग होता है। सागर के किनारे स्थित राज्य होने के कारण, यहाँ अधिकांश लोग मछली का भी प्रयोग करते हैं। इसके विपरीत उत्तर-भारत में मछली मिलना मुश्किल है और खेती गेहूँ की होती है। अतः उनके भोजन का मुख्य अंग रोटी, चपाती, आदि होती है। केरल, भूमध्य रेखा के अधिक निकट है अतः यहाँ गर्मी अधिक होती है, और शीत ऋतु में भी ठंड अधिक नहीं होती। इसके अनुसार केरलवासियों की पारंपरिक वेश-भूषा, महीन सूती और हल्के रंगों की धोती और ओढ़नियाँ (वेष्टी) हैं। उत्तर भारत में गर्मी में गर्मी की अधिकता है तो शीत में ठंड की। इसलिए वहाँ ऊनी कपड़ों का इस्तेमाल बहुत अधिक होता है। उनके कपड़ों से, वे सर की पगड़ी या टोपी से लेकर पाँव में पाज़ामा और मोज़े तक डालकर,

पूरा शरीर ओढ़ लेते हैं। घर बनाने और सजाने की रीति में भी इसी प्रकार विभिन्नता नज़र आती है। असम के कुछ भागों में जहाँ सबसे अधिक वर्षा होती है, घर को ज़मीन से कुछ ऊपर उठाकर बाँस के तख्तों पर बनाने की एक रीति है, तो तमिलनाडु में घर के द्वार पर आम की पत्तियों की माला बाँधकर परदे के ऊपर की ओर बाँधते हैं। यह मंगल का सूचक है और आँगन में रोज़ एक सफेद चूर्ण से रंगोली (कोलम्) बनाई जाती है। इन विभिन्न रीतियों को अन्य संस्कृति से आए आदमी को समझना पड़ता है। परंतु जब ये बातें नाटक में या किसी भी साहित्य में आती हैं, तो अनुवाद के साथ इनको समझाना मुश्किल है। उदाहरणार्थ : मलयालम के प्रसिद्ध नाटककार इडश्शेरी गोविंदन नंपियार का एक नाटक है—कूट्टुकृषि, इसका अनुवाद श्री रविवर्मा ने 'सहकारी खेती' के नाम से किया है। उसमें एक शब्द 'पूमुखम्' का प्रयोग हुआ है। केरल के उच्च कुल के घरों में एक हवादार बैठक होती है, जहाँ पर साधारणतया उस घर के बड़े-बूढ़े बैठते हैं। इसके अनुवाद में 'बरामदा' शब्द प्रयुक्त हुआ है। परंतु बरामदा से पूमुखम् का अर्थ नहीं मिलता। हवादार बरामदा भी है पर 'पूमुखम्' में जो उच्चता या आभिज्यात्य की ध्वनि है, वह 'बरामदा' में लुप्त हो गयी है। यह एक हिंदी भाषी को समझना भी मुश्किल है। इस प्रकार प्रत्येक प्रांत की अपनी रहन-सहन की रीति होती है, इसे एक दूसरे प्रांत के व्यक्ति को समझाना हो तो अनुवाद का उपयोग करना पड़ता है, परंतु सांस्कृतिक शब्दों के अर्थ की इन बारीकियों को अनूदित साहित्य में लाना एक बड़ी भारी समस्या बन जाती है।

4. आचार-विचार, रस्मों पर आधारित—संस्कृति और रहन-सहन से मिल-जुलकर उन्हीं पर आधारित होती हैं—लोगों के आचार-विचार अथवा रस्में। एक-एक प्रांत में रहने वालों के विभिन्न कुल, जातियों के बीच आचार-विचार में भिन्नताएँ नज़र आती हैं। इन आचार-विचार, रिश्ते-नातों को किसी अन्य संस्कृति, अन्य भाषा-भाषी को समझना कठिन कार्य है। उदाहरणार्थ : मलयालम में माता के भाई को ही 'मामा' या 'अम्मावन' कहते हैं और करीब पचास वर्ष पूर्व तक 'मामा-भांजा' का रिश्ता 'पिता-पुत्र' के संबंध से अधिक सघन माना जाता था। ऐसा केरल के 'मेट्रियारकल सिस्टम' के कारण था। अगर इस शब्द का अनुवाद अंग्रेज़ी में किया जाए तो 'अंकल' शब्द प्रयुक्त होगा। परंतु अंग्रेज़ 'अंकल' अपने मामा, चाचा, मौसा, बुआ के पति आदि कई रिश्तेदारों को कहते हैं। अतः मलयालम के 'अम्मावन' (मामा) शब्द में जो अपनापन है वह अंग्रेज़ी के अंकल में नहीं रहता। एस.के. दास ने 'प्रोबलम्स ऑफ ट्रांसलेटिंग सम् कल्चरल् टेर्म्स' नामक

लेख में 'धर्म' शब्द के अनुवाद की कठिनाइयाँ बताई हैं। शब्दकोश में इसके लिए प्रयुक्त शब्द हैं, 'होली' राइट, ट्रुथ, सॉक्रड, राइटियसनेस, ड्यूटी, इम्मेमोरियल होली लॉस, एन्शियन्ट लॉस, एटर्नल लॉस, डिसिप्लिन्, प्रोग्रस, रूल, सिस्टम, पाइटि, रिलीजन, ड्यूटीस आदि। परंतु धर्म शब्द अपने विस्तृत परिप्रेक्ष्य में जो भाव अभिव्यंजित करता है वह उपर्युक्त किसी शब्द में नहीं मिलता। सांस्कृतिक शब्दावलियों का अनुवाद गैरमुमकिन क्यों होता है? इसलिए कि ये किसी विशिष्ट समुदाय के व्यक्ति या किसी वर्ग-विशेष की वस्तु या प्रक्रिया की ओर इंगित करते हैं, और इनके "आधार पर यह निर्धारित किया जाता है कि अमुक समुदाय की संस्कृति किसी अन्य समुदाय की संस्कृति से भिन्न है या अभिन्न।"[8]

सांस्कृतिक शब्दों का अनुवाद करते समय अनुवादक या तो शब्दकोश पर निर्भर करके मात्र व्याख्या या परिभाषा दे बैठता है नहीं तो वह मूल से मिलती-जुलती स्थितियों का वर्णन कर देते हैं, "अनुवाद अथवा रूपांतरकार प्रायः मूल रचना में वर्णित स्थितियों के लिए लगभग उनसे मिलती-जुलती स्थितियों का वर्णन कर देते हैं और यहाँ तक कि मूल कृति में आए नामों और रीति-रिवाजों के वर्णन में भी परिवर्तन कर देते हैं।"[9] इस प्रकार के आसान तरीकों का उपयोग भारतेंदु हरिश्चंद्र ने भी किया है। शेक्सपियर के 'मर्चेंट ऑफ वेनिस' नामक नाट्य का अनुवाद करते समय भारतेंदु ने उसे भारतीय संस्कृति के अनुकूल बनाते हुए उस नाटक के पात्रों के नामों को भी भारतीयकृत किया। अंटोणियो–अनंत बन गया, पोर्षिया–पुरश्री, वेनिस–वंशपुर, इस्लाम और यहूदी वर्ग को, हिंदू और जैन में बदल दिया। परंतु प्रभाकर माचवे के अनुसार, "अनुवाद संबंधी ये पद्धतियाँ अनुवाद की प्रमुख समस्याओं का तो समाधान करती नहीं, बल्कि समस्या से पलायन ही करती हैं।"[10]

इसी बात को श्रीमती मृणाल पांडे ने 'अनुवादों के अनुवादों का संसार' नामक अपने लेख में दोहराया है। अपनी बात को व्यक्त करने के लिए उन्होंने 'नहले पर दहला' नामक एक विटी नाटक के बारे में कहा है। इसकी कथा शातिर चोरों के परिवार के एक सदस्य रमेश के धंधा छोड़ने का निर्णय और उसकी मँगेतर मोहिनी, जो एक पुलिस अफसर की बेटी है, को लेकर उसके परिवार की दुविधा-दुश्चिंता के गिर्द घूमता है। भारतीय दर्शक पर इस अनुवाद का क्या प्रभाव होगा, मृणाल पांडे उसके बारे में कहती हैं, "अपने चुस्त संवादों और द्विअर्थी सिचुएशन से नाटक दर्शकों को गुदगुदा चाहे दें पर क्या ऐसे पारिवारिक मज़ाक और अंतःसंबंध...जवान बेटी के चोरी के धंधे में पेशेवर तौर से संलग्न होते हुए

भी पुलिस अफसर भारतीय बाप का उससे अनजान रहना ऐसी बात है, जिसकी विसंगति भारतीय मध्यमवर्गीय परिवार के शक्ति समीकरण से परिचित किसी भी संवेदनशील दर्शक-पाठक से छुपी नहीं रह सकती।''[11] इसके कारणों की जाँच करते हुए वे इस नतीजे पर पहुँचती हैं कि, ''नाटक कर्म के प्रति अपने पूरे लगाव और ईमानदारी के बावजूद रूपांतरणकार दो साहित्यों के पीछे की सांस्कृतिक खाई पाटने की दिशा में सफल नहीं हो पाता, और भाषा की तमाम रवानी और घटनाक्रम के चुस्त संचालन के बावजूद नाटक कुछ बहुत करके एक आयातित की हुई, अविश्वसनीय चीज़ भर लगता रहता है।''[12]

अतः स्पष्ट है कि विभिन्न कुल, जाति, धर्म और प्रांत के लोगों की अभिव्यक्ति (एक्सप्रेषण) अपने-अपने ढंग के हैं और रहना भी चाहिए। लेकिन इन विभिन्नताओं के रहते हुए भी मानव-मानव के बीच में एकता सात्विक भावों के स्तर पर है, जो नाटक में बहुमूल्य है। नाट्यानुवाद इस सांस्कृतिक भिन्नता की खाई को पाटने का सफल प्रयास करते हैं। यही कारण है कि नाटक की भाषा प्रांतीय भावनाओं के संकुचित दायरे से ऊपर उठकर एक समष्टिगत भाव को प्राप्त कर लेती है।

(ग) नाट्यानुवाद की मंचीय समस्याएँ

वैसे पहले ही बताया गया है कि नाट्यानुवाद में पूरे थियेटर का अनुवाद निहित है। इसलिए स्पष्ट है कि अभिनय, रंगनिर्देश, ध्वनिप्रभाव, प्रकाश व्यवस्था आदि रंगमंच संबंधी सभी समस्याएँ मंचीय समस्याओं के अंतर्गत आती हैं।

नाट्य प्रदर्शन एक ऐसी कला है जिसमें दृश्यत्व एवं काव्यत्व दोनों को अलग करना मुमकिन नहीं। साधारण तौर पर दैनिक जीवन में हम जिन चीजों का उपयोग करते हैं, वे जब रंगमंच पर प्रस्तुत होती हैं तो एक अनोखी आभा से मंडित हो जाती हैं और इसीलिए वे एक विशिष्ट अर्थ व्यक्त करती हैं, वे प्रतीक बन जाती हैं। रंगानुवाद की मंचीय समस्याएँ इसी संकेत क्षेत्र से संबंधित हैं और इसी की चर्चा हम मंचीय समस्याओं के अंतर्गत कर सकते हैं।

नाट्य प्रदर्शन के वक्त पर्दा उठते ही अथवा प्रकाश आते ही जो कुछ दिखाई पड़ता है वह दृश्यबंध और प्रकाश व्यवस्था का योगदान है। पात्रों के उच्चरित शब्दों के अलावा जो कुछ भी सुना जाता है वह ध्वनिप्रभाव। अभिनेता-अभिनेत्रियों को पात्र के रूप में परिणत करने के लिए जिन रंग-रोगन का प्रयोग होता है, जिन पोशाकों को काम में लाया जाता है वह रूप सज्जा एवं वेश-भूषा का योगदान है।[13]

इनके बारे में कुछ संकेत नाटककार खुद देता है परंतु उसे प्रत्येक निर्देशक अपनी तौर से समझता है और अपनी सृजनात्मक कल्पना के अनुसार मंच पर उसको प्रस्तुत करता है और अनूदित नाटकों में नाटककार के इन अभिमतों का भी अनुवाद करना अनिवार्य है। इनके अनुवाद में अगर कोई त्रुटि आ जाए तो उस नाटक के प्रदर्शन में इसका बड़ा प्रभाव आ जाएगा। यही नहीं, जब एक अनूदित नाटक का रंगमंचाविष्कार होता है, तब स्रोत एवं लक्ष्य भाषाओं की नाट्य परंपराओं की भिन्नता भी एक समस्या बन जाती है।

1. दृश्यांकन और मंच सज्जा–''यह नाट्य प्रस्तुति का एक सहायक अंग है। वह कथ्य के संप्रेषण में यानी नाटकीय स्थितियों के अभिनय में आवश्यक पृष्ठभूमि और वातावरण निर्माण करने में सहायक होती है।''[14] दृश्यबंध की प्रणाली पाश्चात्य नाटकों की देन है और संस्कृत नाटकों अथवा लोकनाट्यों में उनका महत्त्व नहीं के बराबर है। संस्कृत नाटकों में दृश्यबंध का काम सूत्रधार और नटी के संवाद तथा पात्रों के अभिनय से पूरा हो जाता है।

दृश्यबंध का मुख्य काम है नाटक की घटना का स्थान निर्देश। इसके लिए नाटककार अपने मूल पाठ में कोष्ठकों में कुछ सूचनाएँ देता है कि यह ड्राइंग रूम है अथवा बरामदा...कमरे के किस भाग में क्या रखा है इत्यादि। यह स्थान निर्देश का तरीका यथार्थवादी, प्रतीकात्मक, अभिव्यंजनात्मक या आकारवादी हो सकता है। दृश्यबंध का दूसरा काम है–घटना की परिपुष्टि-सजावट, फर्नीचर का आकार-प्रकार इत्यादि चीजें यह निर्देश करती हैं कि इस कमरे में रहने वाला व्यक्ति कैसा होगा। इसलिए यह परम आवश्यक है कि इनके बारे में नाटककार के जो निर्देश कोष्ठकों में दिए गए हैं उन्हें बिना कोई हेर-फेर के अनुवाद में भी दिया जाए।

दृश्यबंध तैयार करने से पहले, नाटक का आवश्यकतानुसार एक खाका (ग्राउंड प्लान) तैयार करना उचित है, जो मंचीय अनुवाद में सहायक सिद्ध होगा। इसमें रंगमंच पर उपस्थित उनकी गतियाँ, उनका समूहीकरण, फर्नीचर, प्रबेश आदि की व्यवस्था ध्यान में रखी जाती है। साधारण तौर पर इसके लिए भी नाटककार उचित संकेत दे देता है। अगर किसी पात्र को पिछवाड़े के आँगन से मंच पर प्रवेश करना है तो कमरे से पीछे की ओर दरवाजा होना ज़रूरी है। इसकी ओर ध्यान दिए बिना, अगर रंगमंच तैयार किया जाए तो समस्या उपस्थित होगी। खाका तैयार करने की ज़रूरत नाट्य प्रदर्शन के वक्त होती है परंतु इसका ध्यान अनुवादक को होना चाहिए। तभी वे उसके लिए उचित निर्देश नाटक के पाठ

के साथ दे पाएँगे और यही निर्देश अथवा संकेत नाटक की आत्मा की अभिव्यक्ति में सहायक सिद्ध होते हैं।

2. रूप सज्जा एवं वेश-भूषा–भरतमुनि ने वेश-भूषा एवं रूप सज्जा को आहार्य अभिनय के अंतर्गत रखा है। नाटक की दुनिया, कल्पनाजन्य विश्वसनीयता की दुनिया है लेकिन दर्शकों की कल्पना को उत्प्रेरित करने के लिए एक दिशा, एक संकेत, देना ही पड़ता है। नाटक का पात्र अपने चरित्र के अनुसार अपने चेहरे को बदलने की सामर्थ्य रखता है। इसके लिए वह कुछ विशेष शैलियाँ अपनाता है, वेश-भूषा में परिवर्तन लाता है और यह सब मिलाकर ही दर्शक उस पात्र और उस सिचुऐशन को समझता है। वेश-भूषा मंच पर अनुकूल वातावरण की सृष्टि में मदद करती है। पात्र के देश और काल की जानकारी देती है, साथ ही अभिनेताओं को पात्रों के चरित्र को महसूस करने में भी सहायक होती है। यही नहीं, इससे एक हद तक पात्रों का पारस्परिक संबंध भी स्थापित होता है। प्रत्येक नाटककार अपने नाटक के हर पात्र की वेश-भूषा और रूप सज्जा की पूरी जानकारी रखता है। और इसका विवरण कोष्ठकों में दे देता है। नाटककार नाटक में पात्र का स्थान, उसकी उम्र आदि के अनुसार उसकी वेश-भूषा की जानकारी देता है, यह भी बताता है कि उसके चेहरे पर साधारणतया क्या भाव व्यक्त होता है, जीवन से उदासीनता अथवा जिंदगी में बहुत कुछ सहने के कारण चेहरे पर कड़वाहट या केवल उत्तेजना, जीने की खुशी। इन बातों को अनुवादक ठीक उसी प्रकार अनूदित कर दे तो अच्छा है, इन्हें अनावश्यक समझकर छोड़ दे अथवा उनको रंगमंच पर ठीक-ठीक उतारा नहीं गया तो नाटक की सघनता मंचीय अनुवाद में नष्ट हो जाएगी, वह बेजान हो जाएगी।

3. प्रकाश व्यवस्था–"इसका मकसद मंच के सेट और अभिनेताओं को प्रकाशित करना मात्र नहीं। इसका उद्देश्य नाटकीय यथार्थ, अर्थात् वास्तविकता के भ्रम निर्माण में सक्षम योगदान करना है।"[15] प्रकाश व्यवस्था सूझबूझ, कल्पनाशीलता और परिश्रमपूर्ण तैयारी की माँग करती है क्योंकि प्रकाश के नियंत्रित उपयोग से ही अभिनीत हो रहे दृश्य की मनःस्थिति और वातावरण को बल मिलता है। "प्रकाश व्यवस्था द्वारा अभिनेता, दृश्यबंध उपकरण, वेश-भूषा इत्यादि सिर्फ दिखाते ही नहीं बल्कि एक विशेष प्रकार से दिखते हैं जिससे नाट्य प्रदर्शन के विभिन्न अंगों की विशेषताएँ समन्वित हो जाती हैं और पूरा नाट्य प्रदर्शन एक कलात्मक इकाई बन जाता है।"[16] प्रकाश मंच के प्रत्येक भाग को कभी आलोकित करता, कभी अँधेरे में डुबोता, दर्शकों का ध्यान एक विशेष दिशा में केंद्रित करता है।

नाटककार और निर्देशक प्रकाश की विभिन्न मात्राओं का कुशल उपयोग करके नाटक को एक विशेष गहराई प्रदान करते हैं। प्रकाश के सफल प्रयोग से ही मंच में बिजली की कौंध या चाँदनी की शीतलता को प्रस्तुत किया जाता है।

भारतेंदु-युग में जब विद्युत प्रकाश सुलभ नहीं था, तब लोक से प्राप्त प्रकाश व्यवस्था का आधार उस युग के नाटककारों ने ग्रहण किया और नाटकों में समुचित निर्देश दिया। 'चंद्रावली' के अंक दो में नाटककार ने निर्देश दिया है : "संध्या का समय, कुछ बादल छाए हुए हैं, अर्थात् संध्या के अनुरूप प्रकाश व्यवस्थित किया जाना चाहिए।"...'भारत दुर्दशा' के अंक चार में मदिरा के जाने के उपरांत यह निर्दिष्ट किया गया है कि "रंगशाला के दीपों में से अनेक बुझा दिए जाएँगे।" इसी के उपरांत अंधकार नामक पात्र प्रवेश करता है।[17]

नाटक के अनुवाद में इन संकेतों का भी अनुवाद अनिवार्य है और मंचीय अनुवाद में नाटककार के निर्देशों का पालन करना चाहिए। क्योंकि प्रकाश में अंधकार नामक पात्र प्रवेश नहीं कर पाएगा।

दृश्यों और अंकों की स्थापना भी प्रकाश व्यवस्था द्वारा होती है। दर्शकों के देखने लायक चीजें नाट्य प्रदर्शन के महत्त्व की दृष्टि से प्रकाश के विशेष अनुपात में साफ-साफ दिखाना भी उसका लक्ष्य होता है।

4. ध्वनि संयोजन–पात्रों के उच्चरित शब्दों के अलावा जो भी सुना जाता है–वही ध्वनि प्रभाव है। यह ज़रूरी नहीं कि सभी ध्वनि प्रभाव संगीतात्मक ही हों पर इतना ज़रूरी है कि सिर्फ ध्वनियों के सहारे नाटक के क्रियाकलाप की पृष्ठभूमि और भावदशा का निर्माण करना है। उदाहरण–मोहन राकेश के आखिरी नाटक 'पैर तले की ज़मीन में' 'बाढ़' को मंच पर ध्वनि और प्रकाश व्यवस्था से ही स्थापित करना है।

ध्वनि संयोजन यथार्थवादी या अयथार्थवादी दोनों रूपों में हो सकता है। यथार्थवादी है तो स्थूल प्राकृतिक ध्वनियों के अनुकरण से काम चल जाएगा परंतु अयथार्थवादी हो तो ध्वनियों के सहारे नाटक के घटनाक्रम के प्रदर्शन की दिशा के अनुकूल पृष्ठभूमि का निर्माण आवश्यक है। इससे दृश्य की नाटकीय सघनता और गहराई दर्शकों को प्रभावित करती है परंतु ध्वनि प्रभाव का संयोजन एक सृजनात्मक प्रक्रिया है और नाटक जिस संस्कृति को अभिव्यक्त करता है उसके अनुकूल ही ध्वनि का प्रयोग होना चाहिए। इसलिए अनुवाद करते समय ध्वनि संयोजन के बारे में नाटककार द्वारा दी गई जानकारी की ओर विशेष ध्यान देना चाहिए। भारत के ही उत्तरी और दक्षिणी प्रदेशों में मुख्य रूप से दो भिन्न संगीत

प्रचलित हैं–उत्तर में हिंदुस्थानी और दक्षिण में कर्नाटक संगीत। अतः जब किसी उत्तर भारतीय भाषा के नाटक का अनुवाद दक्षिण भारतीय भाषा में हो और उसके मंचीकरण के लिए पार्श्व संगीत की आवश्यकता हो, तो अनुवादक के सामने यह समस्या रहेगी कि किस संगीत का उपयोग किया जाए। मूल नाटक की पृष्ठभूमि में संकेतित हिंदुस्थानी तराने अथवा लक्ष्य भाषा सहज शैली की। यही नहीं, किसी प्रांत की अपनी कुछ विशिष्ट संगीत शैलियाँ होती हैं। मणिपुर-मेघालय की जातियों का संगीत अलग है, तो कश्मीरी वाद्य-संगीतों की मिठास अलग। इस प्रकार नाटक में ध्वनि का और उसके अनुवाद में उसकी सहजता का महत्त्वपूर्ण स्थान है जिसको बनाए रखने के लिए मंचीय अनुवादक को बड़ी सावधानी बरतनी पड़ती है।

यद्यपि मंचीय समस्याएँ पूर्ण रूप से मंच पर प्रदर्शन करते वक्त ही सामने आती हैं फिर भी नाटककार द्वारा दिए गए दृश्यबंध, संगीत, ध्वनि, प्रकाश, वेश-भूषा, अभिनय संबंधी संकेत को लक्ष्य भाषा में अनुवाद करते वक्त अनुवादक को और भी ध्यान देना पड़ता है क्योंकि नाट्य प्रदर्शन ही उसका प्रयोजन है। इन संकेतों में नाटक की मूल क्रिया निहित है और यही क्रिया (एक्शन) नाटक की आत्मा के करीब रहने वाली है। इतना ही नहीं, इसी अनुवाद के आधार पर नाटक का प्रदर्शन होने वाला है क्योंकि नाट्यानुवाद नाट्य प्रदर्शन के लिए ही होता है।

संदर्भ

1. अनुवाद विज्ञान–डॉ. भोलानाथ तिवारी, पृ. 32
2. Translation is a custom house through which passes, if the customs officer is not alert more smuggled goods of foreign idioms than through any other linguistics frontier. उद्धृत अनुवाद विज्ञान–डॉ. भोलानाथ तिवारी, पृ. 16
3. मोहन, राकेश : साहित्यिक और सांस्कृतिक दृष्टि, पृ. 191 गोविंद चातक के 'नाट्यभाषा' से उद्धृत, पृ. 10
4. नाट्यभाषा–गोविंद चातक, पृ. 11
5. हिंदी में अनूदित आधुनिक भारतीय भाषाओं के नाटक एवं हिंदी रंगमंच पर उनका प्रभाव–अप्रकाशित शोधप्रबंध–डॉ. अच्युतन
6. अर्थ तत्त्व की भूमिका–डॉ. शिवनाथ, पृ. 22
7. भारत का सांस्कृतिक इतिहास–हरिदत्त वेदालंकार, पृ. 41
8. 'सांस्कृतिक अभिव्यक्तियों का अनुवाद' शीर्षक लेख–डॉ. मंजु गुप्ता–अनुवाद त्रैमासिक, दिसंबर 1985
9. 'कथा साहित्य का अनुवाद'–डॉ. प्रभाकर माचवे, अनुवाद त्रैमासिक, जुलाई-सितंबर 1971
10. वही

11. 'अनुवादों के अनुवादों का संसार'—नटरंग, अंक-42, 1983
12. 'अनुवादों के अनुवादों का संसार'—मृणाल पांडे, नटरंग, अंक-42, 1983
13. रंगकर्म—वीरेंद्र नारायण, पृ. 18
14. 'नाट्यप्रस्तुति : एक परिचय'—रमेश राजहंस, पृ. 90
15. वही, पृ. 99
16. रंगकर्म—वीरेंद्र नारायण, पृ. 77
17. 'भारतेंदुयुगीन नाटकों में ध्वनि, संगीत एवं प्रकाश व्यवस्था'—कृष्णमोहन सक्सेना—नटरंग, अंक-27, जनवरी 1947

भारतेंदु हरिश्चंद्र के अनूदित नाटक : एक मूल्यांकन

प्रयोजन मूलक मूल्यांकन पद्धति के विविध पक्षों पर तथा समस्याओं पर सैद्धांतिक विवेचन करने के प्रयत्न के बाद इस मूल्यांकन पद्धति के आधार पर भारतेंदु हरिश्चंद्र द्वारा अनूदित नाटकों का अध्ययन समीचीन रहेगा। क्योंकि हिंदी साहित्य में सबसे पहले भारतेंदु युग में ही सर्वाधिक अनुवाद प्राप्त होता है। अनुवाद की दृष्टि से, विशेषकर नाट्यानुवाद की दृष्टि से भी भारतेंदु युग महत्त्वपूर्ण समय है। स्पष्ट है कि इसके लिए ऐतिहासिक और सांस्कृतिक कारण भी हैं। अनुवाद की परंपरा पर दृष्टि डालकर हम भारतेंदु के नाट्यानुवाद का विवेचन करेंगे।

अनुवाद की परंपरा

नाटकों के अनुवाद की परंपरा भारतेंदु युग के बहुत पूर्व से चली आ रही थी। लेकिन भारतेंदु युग में ही अनुवाद कार्य में तेजी आई। भारतीयों के सम्मुख अनुवाद स्रोत का बहुत बड़ा साहित्य भंडार था। इनके सम्मुख संस्कृत, प्राकृत, अपभ्रंश आदि प्राचीन भाषाओं तथा बंगाली, मराठी आदि देशी भाषाओं के अतिरिक्त आंग्ल साहित्य का भंडार भी खुला पड़ा था। इन स्रोतों के श्रेष्ठ नाटकों को हिंदी भाषा में अनुवाद तथा रूपांतर करके अपनी भाषा को समृद्ध बनाने की चेष्टा अनुवादकों ने की। भारतेंदु युग के नाटककारों ने हिंदी में अनूदित नाट्य साहित्य की ऐसी परंपरा प्रारंभ की, जिनसे विचार और भाषा दोनों ही क्षेत्रों में अभाव की पूर्ति हो सकी तथा अनुवाद के वातायन से भारतीय नाट्य साहित्य का एक सर्व-सामान्य रूप हिंदी क्षेत्र के दर्शकों के सम्मुख प्रस्तुत हो सका।

संस्कृत से अनूदित नाटक

हिंदी साहित्यकार का साहित्यिक आदर्श संस्कृत साहित्य होने के कारण संस्कृत से सर्वाधिक प्रभावित होना स्वाभाविक था। भारतेंदु युग से पूर्व के अनुवादित नाट्य साहित्य का मूल स्रोत संस्कृत नाटक ही रहा। भारतेंदु युग में भी हिंदी में अनूदित नाटकों में सर्वाधिक संख्या संस्कृत नाटकों की ही है। कालिदास, भवभूति, शूद्रक तथा हर्षदेव संस्कृत साहित्य के प्रमुख नाटककार हैं जिनके नाटकों का हिंदी में अनुवाद इसी युग में किया गया।

भारतेंदु ने अपने पूर्ववर्ती नाटकों में राजा लक्ष्मणसिंह कृत 'शकुंतला' नाटक का उल्लेख किया है। राजा लक्ष्मणसिंह ने सर्वप्रथम सन् 1861 ई. में 'शकुंतला' नाम से इस नाटक का अनुवाद किया। लंदन नगरस्थ श्रीयुत् फ्रेडरिक पिन्काट साहब द्वारा किए गए 'शकुंतला' के अनुवाद के संबंध में भारतेंदु ने उल्लेख किया है।[1] शकुंतला नाटक नाम का एक और अनुवाद संबलपुर निवासी श्री विश्वनाथ दुबे ने सन् 1880 ई. में किया। इस प्रकार शकुंतला के तीन अनुवाद इस युग में हुए।

महाकवि कालिदास कृत 'मालविकाग्निमित्र', 'विक्रमोर्वशीय' नाटकों का अनुवाद क्रमशः लाला सीताराम 'भूपकवि' बी.ए. तथा श्री गदाधर मालवीय द्वारा किया गया।

हर्षदेव कृत 'रत्नावली' नाटिका के तीन हिंदी अनुवाद आलोच्य युग में हुए, प्रथम पं. देवदत्त तिवारी द्वारा सन् 1872 ई. में 'रत्नावली' नाटक नाम से, द्वितीय श्री रामेश्वर भट्ट द्वारा सन् 1895 ई. में 'रत्नावली नाटिका' के नाम से और तीसरा अनुवाद श्री बालमुकुंद गुप्त द्वारा सन् 1898 ई. में 'रत्नावली नाटिका' के नाम से।

कृष्णमिश्र कृत प्रतीकनाटक प्रबोध चंद्रोदय के तीन अनुवाद आलोच्ययुग में हुए। पं. शीतलप्रसाद ने सन् 1879 ई. में, अयोध्याप्रसाद चौधरी ने सन् 1885 ई. में तथा श्री जानी बिहारी लाल ने 'विज्ञान विभाकर' के नाम से सन् 1879 ई. में इसका अनुवाद किया।

भवभूति कृत 'उत्तररामचरित' के तीन अनुवाद आलोच्यकाल में हुए। पं. देवदत्त तिवारी ने सन् 1871 ई. में इसका गद्यानुवाद किया। सन् 1887 ई. में पं. नन्दलाल विश्वनाथ दुबे तथा सन् 1900 ई. में बाबू सीताराम 'भूपकवि' बी. ए. ने इसका गद्य-पद्यमय अनुवाद किए हैं। भवभूति कृत 'महावीर चरित' एवं

'मालती माधव' के अनुवाद भी इस युग में हुए। लाला सीताराम 'भूपकवि' बी. ए. ने इन दोनों नाटकों के अनुवाद किए। लाला शालिग्राम वैश्य द्वारा 'मालती माधव' के अनुवाद का उल्लेख डॉ. सोमनाथ गुप्त ने किया है।[2]

राजा शूद्रक द्वारा लिखित 'मृच्छकटिक' नाटक का अनुवाद आलोच्य युग में पं. गदाधर ने 'मृच्छकटिक नाटक' के नाम से सन् 1880 ई. में तथा लाला सीताराम 'भूपकवि' बी. ए. ने 'मृच्छकटिक भाषा' के नाम से सन् 1898 ई. में किया है।

श्री हर्षदेव कृत 'नागानन्द' नाटक अनुवाद लाला सीताराम 'भूपकवि' बी. ए. ने सन् 1888 ई. में किया।

भारतेंदु युगीन संस्कृत नाटकों के अनुवाद में गद्य और पद्य दोनों का प्रयोग हुआ है। अनुवाद में प्रयुक्त गद्य सफल और खड़ी बोली हिंदी का प्रतिनिधि रूप प्रस्तुत करता है। अनुवाद में प्रयुक्त गद्य के लिए ब्रजभाषा का उपयोग किया है। हिंदी साहित्य की वृद्धि में आलोच्यकालीन संस्कृत नाटकों का अनुवाद महत्त्वपूर्ण कार्य है।

बांग्ला से अनूदित नाटक

अन्य देशों की अपेक्षा भारत में आधुनिक नाट्य साहित्य का सर्वप्रथम विकास बंगाल में हुआ। बंगदेश से प्रेरणा ग्रहण करके ही अन्य देशों में नाट्य प्रवर्तन आरंभ हुए। भारतेंदु युगीन नाटककारों ने बांग्ला से अनेक नाट्य रचनाओं को अनुवाद के माध्यम से हिंदी नाट्य साहित्य को समर्पित किया। स्वयं भारतेंदु ने 'विद्यासुंदर' के माध्यम से इसका प्रारंभ किया।

भारतेंदु के पश्चात् श्री रामगोपाल विद्यान्त ने सन् 1877 ई. में 'रामाभिषेक' नाटक का अनुवाद किया। विद्यान्त नाट्यशाला में इसका अभिनय भी किया गया था।[3]

बांग्ला के प्रसिद्ध नाटककार माइकेल मधुसूदनदत्त के नाटकों के अनुवाद समय-समय पर प्रस्तुत किए। उनके प्रसिद्ध नाटक 'शर्मिष्ठा' के दो अनुवाद हिंदी में हुए। पं. बालकृष्ण भट्ट द्वारा सन् 1880 ई. में तथा रामचरण शुक्ल द्वारा सन् 1880 ई. में। मधुसूदनदत्त के 'एई की बोले सभ्यता' का अनुवाद पं. ब्रजनाथ ने 'क्या इसी को सभ्यता कहते हैं' के नाम से सन् 1880 ई. में किया। मधुसूदनदत्त के प्रेमधन नाटक 'पद्मावती' के अनुवाद पं. बालकृष्ण भट्ट ने सन् 1878 ई. में तथा रामकृष्ण वर्मा ने सन् 1889 ई. में किए। माइकेल मधुसूदनदत्त कृत 'कृष्णा

कुमारी' का अनुवाद रामकृष्ण वर्मा ने 'कृष्णा कुमारी' नाम से किया है।

श्री राधाचरण गोस्वामी ने 'माथतेय रवन' नामक बांग्ला नाटक का अनुवाद 'भारत में यवन लोग' नाम से सन् 1879 ई. में किया। श्री गोस्वामी जी ने 'बूढ़े मुँह मुहासे लोग देखें तमासे' नामक एक नाट्यानुवाद भी किया। बाबू गोकुलचंद्र ने भी इसी नाम से एक अनुवाद किया है।

श्री ज्योतीन्द्रनाथ ठाकुर के 'सरोजिनी' का अनुवाद केशवप्रसाद मिश्र ने 'सरोजिनी' वा चितौर आक्रमण नाम से सन् 1881 ई. में किया। केशवराम पंडया ने भी इसी नाम से इसका अनुवाद किया है पर इस अनुवाद में उन्होंने मूल लेखक के नाम का उल्लेख नहीं किया है।[4]

श्री मनमोहन बसु कृत 'समी नाटक' का अनुवाद श्री उदितनारायण लाल वर्मा ने किया है। वर्माजी ने 'अश्रुमती नाटक' तथा 'दीपनिर्वाण' आदि नाटकों के अनुवाद भी किए हैं।

लाला काशीनाथ खत्री ने ईश्वरचंद्र विद्यासागर कृत 'बालविवाह विरोधी' सामाजिक नाटक को आधार बनाकर अनुवाद रूप में 'बालविवाह संताप' नाटक की रचना की।

पं. केशवराम भट्ट ने 'शरत सरोजिनी' तथा 'सुरेन्द्र विनोदिनी' नामक नाटकों का अनुवाद 'सज्जाद सुंबुल' तथा 'शमशाद सौसन' नाम से किए।

पं. रामकृष्ण वर्मा ने पद्मावती तथा कृष्ण कुमारी नाटक के अनुवाद के अतिरिक्त 'वीर नारी' नाम से एक और अनुवाद भी किया है। लक्ष्मीनारायण चक्रवर्ती के नाटक 'नब्बाव सिराजुदौला' का अनुवाद पं. शिवनन्दन त्रिपाठी ने किया है। इन नाटकों के अलावा दुर्गाप्रसाद मिश्र द्वारा 'प्रभासमिलन', बाबू गोपालराम गहमरी द्वारा 'दादा और मैं' आदि अनुवादों ने भी आलोच्यकालीन हिंदी नाट्य साहित्य को संपन्न करने में बड़ा योगदान किया है। इन नाटकों की भाषा सरल और हृदयग्राही होने के साथ ही एक सार्वजनिक रूप का प्रतिनिधित्व भी करती है।

अंग्रेज़ी से अनूदित नाटक

अंग्रेज़ी शिक्षा के प्रचार से भारत में विशेष तौर से हिंदी प्रदेश में अंग्रेज़ी साहित्य के प्रति आकर्षण बढ़ता जा रहा था। संस्कृत नाटकों से स्वरूप साम्य धारण किए हुए शेक्सपियर के नाटकों ने इस प्रवृत्ति को आगे बढ़ाया। साहित्यकारों ने अंग्रेज़ी नाटकों को अनुवाद करके भारतीय वातावरण के अनुकूल स्वरूप देने का प्रयास किया।

हिंदी में अंग्रेज़ी से अनूदित प्रथम नाटक 'केटो कृत्तान्त' है, जोज़फ एडिसन कृत 'काटो' का प्रस्तुत अनुवाद बाबू तोताराम ने किया। आलोच्ययुगीन अंग्रेज़ी नाटकों के अनुवाद में श्री रत्नचंद्र वकील का नाम स्मरणीय है, जिन्होंने शेक्सपियर कृत 'कामेडी ऑफ एरर्स' का अनुवाद 'भ्रम जालक' नाम से किया। भारतेंदु ने 'मर्चेंट ऑफ वेनिस' का अनुवाद 'दुर्लभबंधु' नाम से करके उसको भारतीय परिवेश दिया। श्रीमती आर्या नामक महिला ने 'मर्चेंट ऑफ वेनिस' का अनुवाद 'वेनिस नगर का व्यापारी' नाम से किया। केशवराम भट्ट ने 'मर्चेंट ऑफ वेनिस' का अनुवाद 'वेनिस का सौदागर' नाम से किया, ठाकुर दयालसिंह ने भी 'मर्चेंट ऑफ वेनिस' का अनुवाद 'वेनिस का सौदागर' नाम से किया है। इसके अतिरिक्त मर्चेंट ऑफ वेनिस' के बालेश्वर प्रसाद कृत अनुवाद का उल्लेख भी मिलता है।[5]

शेक्सपियर कृत 'ऐज यू लाइक इट' 'रोमियो और जूलियट' के अनुवाद जयपुर दरबार के पुरोहित गोपीनाथ एम. ए. के द्वारा क्रमशः 'मनभावन' तथा 'प्रेमलीला' के नाम से किए गए। शेक्सपियर कृत 'मैकबेथ' का अनुवाद श्री मथुराप्रसाद उपाध्येय ने 'साहसेंद्र साहस' के नाम से किया। शेक्सपियर कृत 'जूलियस सीजर' का अनुवाद श्री कालीचरण द्विवेदी ने 'स्वतंत्रता संचार' के नाम से किया। शेक्सपियर कृत 'ऑथेलो' का गदाधर सिंह द्वारा अनुवाद का उल्लेख भी मिलता है।[6]

भारतेंदु युगीन उपलब्धियों में अनूदित नाटकों का महत्त्वपूर्ण स्थान है। संस्कृत, बांग्ला और अंग्रेज़ी से जिन नाटकों के अनुवाद इस युग में हुए, तत्कालीन परिस्थितियों के अनुकूल थे। युग दृष्टि से भरे इन नाट्यानुवादकों को युग दृष्टि का तत्त्व प्रदान करने में भारतेंदु सफल पाए गए हैं।

भारतेंदु के अनूदित नाटक

भारतेंदु ने पारसी थियेटरों की कुत्सित प्रवृत्ति को अवरुद्ध करने के लिए प्रतिक्रिया स्वरूप स्वस्थ तथा साहित्यिक नाटक लिखना प्रारंभ किया। भारतेंदुजी समान भाव से संस्कृत और अंग्रेज़ी के ज्ञाता थे और संस्कृत की नाट्य रचना का बाह्य आकार लेकर उसमें पाश्चात्य नाट्य आदर्शों का समावेश करके प्राचीन संस्कृत परिपाटी को तत्कालीन आवश्यकताओं के अनुसार परिवर्तन करके उसे युगानुकूल बनाया। हिंदी साहित्य को संपन्न और अपनी नाट्यकला को सुस्थिर करने के उद्देश्य से भारतेंदु विभिन्न भाषाओं से नाटकों का अनुवाद करने लगे। संस्कृत, बांग्ला, प्राकृत और अंग्रेज़ी से विख्यात नाटकों का उन्होंने हिंदी में अनुवाद किया।

भारतेंदुजी के अनूदित नाटक हैं—विद्यासुंदर, रत्नावली नाटिका, पाखंड विडंबन, धनंजयविजय, मुद्राराक्षस, कर्पूरमंजरी और दुर्लभबंधु। भारतेंदु के अनूदित नाटकों के बारे में विद्वानों में मतभेद है। श्री गोपीनाथ तिवारी के अनुसार भारतेंदु द्वारा अनूदित नाटकों की संख्या दस है—प्रवास, रत्नावली, पाखंड विडंबन, धनंजयविजय, मुद्राराक्षस, कर्पूरमंजरी, दुर्लभबंधु, भारत जननी, विद्यासुंदर और सत्य हरिश्चंद्र। श्री गोपीनाथ तिवारी के उपर्युक्त मन्तव्य से अधिकांश विद्वान सहमत नहीं हैं। डॉ. वीरेन्द्र कुमार शुक्ल 'भारत जननी' को मौलिक नाटक मानते हैं लेकिन 'सत्य हरिश्चंद्र' को रूपांतरित मानते हैं। डॉ. भानुदेव शुक्ल भी सत्य हरिश्चंद्र को रूपांतरित मानते हैं। लेकिन डॉ. रामचंद्र मिश्र जैसे अनेक विद्वान् इसे स्वीकार नहीं करते हैं। उन विद्वानों के अनुसार भारतेंदु के अनूदित नाटक सात हैं—विद्यासुंदर, रत्नावली नाटिका, पाखंड विडंबन, धनंजयविजय, मुद्राराक्षस, कर्पूरमंजरी और दुर्लभबंधु।

भारतेंदु ने जिस समय नाटक लिखना प्रारंभ किया उस समय हिंदी में मौलिक अथवा अनूदित नाटकों का पूर्ण अभाव था। अतएव भारतेंदु ने स्वाभाविक रूप से संस्कृत, अंग्रेज़ी तथा बांग्ला का आश्रय लिया। उन्होंने अनुवाद कार्य से इस अभाव को मिटाना चाहा। किंतु अंग्रेज़ी और संस्कृत के नाटकों के अनुवाद में भारतेंदु हरिश्चंद्र को आधुनिक हिंदी नाटक का आदर्श नहीं प्राप्त हुआ। इसे भारतेंदुजी ने बांग्ला नाटकों से प्राप्त किया। क्योंकि सन् 1852 ई. से लेकर सन् 1868 ई. तक बांग्ला ने संस्कृत और अंग्रेज़ी नाट्य शैलियों के समन्वय पर आधारित एक सर्वथा नवीन नाट्य शैली का निर्माण कर लिया था।[7]

भारतेंदु ने जिन बांग्ला नाटकों का हिंदी अनुवाद किया, वे अनुवाद मात्र न होकर युग की विभिन्न धाराओं के प्रवर्तक बने। इनका प्रभाव उनके अपने नाटकों पर ही नहीं युग पर भी पड़ा।

भारतेंदु ने बांग्ला से यतींद्रमोहन ठाकुर कृत 'विद्यासुंदर' नामक नाटक का अनुवाद किया। 'विद्यासुंदर' नाटक के मूल स्रोत के संबंध में नाटक की भूमिका में भारतेंदु जी ने स्वयं ही प्रकाश डालते हुए लिखा है—'विद्यासुंदर की कथा बंगदेश में अतिप्रसिद्ध है। कहते हैं कि चौर कवि जो संस्कृत में 'चौर पंचशिका' का कवि है, यही सुंदर है। कोई इस चौर पंचशिका को वररुचि की बनाई मानते हैं। जो कुछ हो विद्यावती की आख्यायिका का मूल स्रोत वही चौर पंचशिका है। प्रसिद्ध कवि भारत चन्द्रराय ने इस उपाख्यान को बंग भाषा में काव्य का रूप दिया है।...महाराज यतीन्द्र मोहन ठाकुर ने उसी काव्य का अवलंबन करके जो विद्यासुंदर नाटक बनाया

था, उसी की छाया लेकर आज पंद्रह बरस हुए यह हिंदी भाषा में निर्मित हुआ है।'

भारतेंदु का विद्यासुंदर हिंदी नाटक साहित्य के आविर्भाव में नई दिशा का प्रवर्तन करता है। उसकी कथावस्तु का आधार प्रचलित प्रेमगाथा होते हुए भी नाट्यकला की दृष्टि से वह पर्याप्त सफल एवं सरस रचना है। 'विद्यासुंदर' से हिंदी में प्रेमप्रधान नाटकों का सूत्रपात हुआ। फिर भी इसकी मौलिकता के बारे में विद्वानों में पर्याप्त मतभेद है। आचार्य शुक्ल, मिश्र बंधु, श्यामसुंदर दास, दिनेशनारायण उपाध्याय, डॉ. जयनाथ नलिन तथा डॉ. रामरतन भटनागर इसे यतीन्द्र मोहन ठाकुर के इसी नाम के नाटक का अनुवाद मानते हैं। डॉ. दशरथ ओझा, गुलाबराय, हज़ारी प्रसाद द्विवेदी, तथा कुंवर चंद्रप्रकाश सिंह इसे छायानुवाद कहते हैं। डॉ. लक्ष्मीसागर वार्ष्णेय वैसे तो इसे अनुवाद समझते हैं। परंतु उनके विचार से भारतेंदु के अनूदित नाटक शब्दशः अनुवाद न होकर रूपांतर अधिक हैं।[8]

भारतेंदुजी का यह नाट्य प्रयास 'सिंहासन बत्तीसी' और 'बैताल पच्चीसी' शैली की कथावस्तु पर आधारित है। भारतेंदुजी की प्रारंभिक नाट्यकृति होने से इसका कथानक अस्वाभाविक प्रसंगों से समाविष्ट है फिर भी वह मनोरंजक है। डॉ. दशरथ ओझा ने इस नाटक को 'चिरंजीवि'[9] बताया है।

हिंदी साहित्यकार का साहित्यिक आदर्श संस्कृत साहित्य का था। भारतेंदु भी इससे अलग नहीं रह सके। 'किस चिड़िया का नाम नाटक' कहने वालों के सामने नाटक का सुंदरतम प्रयोग करना उनकी आशा थी। इस मंगल उद्देश्य की पूर्ति के लिए उन्होंने संस्कृत के श्रेष्ठ नाटकों का अनुवाद किया।

संस्कृत से भारतेंदु ने रत्नावली नाटिका, पाखंड विडंबन, धनंजयविजय, मुद्राराक्षस आदि नाटकों का अनुवाद किया।

भारतेंदु ने विद्यासुंदर के अनंतर श्री हर्ष रचित 'रत्नावली' का अनुवाद सन् 1868 ई. में किया। रत्नावली के अनुवाद के बारे में भारतेंदु का कथन है कि शकुंतला के सिवाय और सब नाटकों में रत्नावली नाटिका बहुत अच्छी और पढ़ने वालों को आनंद देने वाली है। इस हेतु से मैंने पहले इसी नाटिका का तर्जुमा किया है।[10] रत्नावली के अनुवाद के संबंध में भारतेंदुजी का विचार है–'इसका उल्था अगर कोई अच्छी हिंदी जानने वाला करता तो रचना अति उत्तम होती।'[11]

हिंदी जगत् के सामने शास्त्रीय दृष्टि से एक अत्यंत सफल नाटिका का उदाहरण प्रस्तुत करने के उद्देश्य से ही भारतेंदु ने संस्कृत साहित्य के प्रसिद्ध नाटक अभिज्ञान शाकुंतलम् जैसे नाटक को छोड़कर, रत्नावली नाटिका का अनुवाद किया।

रत्नावली एवं विद्यासुंदर नाटकों के चार वर्ष पश्चात् 'पाखंड विडंबन' की

रचना हुई। यह अपूर्ण नाटक संस्कृत के प्रसिद्ध नाटक प्रबोध चंद्रोदय के तीसरे अंक का अनुवाद है। कृष्ण मिश्र द्वारा लिखित प्रस्तुत संस्कृत नाटक आध्यात्मिक ज्ञान और भक्ति से संपन्न है।

भारतेंदु जी ने किस उद्देश्य से प्रबोध चंद्रोदय के तीसरे अंक का अनुवाद पाखंड विडंबन के नाम से किया है? इस नाटक के समर्पण में उन्होंने यह व्यक्त किया है—'भला इससे पाखंड का विडंबन क्या होता है? यहाँ तो तुम्हारे सिवा सभी पाखंड हैं क्या हिंदू, क्या जैन? क्योंकि मैं पूछता हूँ कि बिना तुमको पाए मन की प्रवृत्ति क्यों है, तुम्हें छोड़कर मेरे जान सभी झूठे हैं, चाहे ईश्वर हो, चाहे ब्रह्म, चाहे वेद हो, चाहे इंजील। तो इससे शंका न करना कि मैंने किसी मत की निंदा के हेतु यह उल्था किया है क्योंकि सब तुम्हारा है, इस नाते से सभी अच्छा है और तुमसे किसी से संबंध नहीं है—इस नाते सभी बुरे हैं।'

हमारे इस देश में प्रचलित चार संप्रदायों में—जैन, बौद्ध, शैव और वैष्णव में केवल विष्णु भक्ति में ही सात्विक श्रद्धा और धर्म उपलब्ध था। अन्य संप्रदायों में इनके संबंध में अनेकानेक आडंबर और पाखंड फैले हुए हैं, इसका सम्यक प्रस्फुटन प्रबोध चंद्रोदय में नाटककार द्वारा किया गया है।

संस्कृत कवि कांचन के धनंजयविजय व्यायोग का अनुवाद भारतेंदुजी ने सन् 1873 ई. में किया। यह महाभारत को आधार बनाकर ही लिखा था। व्यायोग होने से इसमें स्त्री पात्र कम और पुरुष पात्र अधिक हैं।

श्री राजा शिवप्रसाद सितारे हिंद से प्रेरणा ग्रहण करके भारतेंदुजी ने संस्कृत के प्रसिद्ध महाकवि विशाखदत्त कृत 'मुद्राराक्षस' का अनुवाद 1875 में किया। इस अनुवाद को भारतेंदुजी के सफल अनुवादों में गिना जाता है। राजनीति के घात-प्रतिघात से युक्त प्रस्तुत नाटक संस्कृत का अपूर्व नाटक है, इस नाटक का अनुवाद भारतेंदु ने बड़े मनोयोग से किया है, जिसमें मूल नाटक की सभी विशेषताएँ सुरक्षित हैं।

भारतेंदुजी ने बांग्ला, संस्कृत, अंग्रेज़ी के अतिरिक्त प्राकृत से भी नाटकों का अनुवाद किया। प्राकृत से उन्होंने केवल एक ही नाटक का अनुवाद किया, वह था कर्पूरमंजरी।

कर्पूरमंजरी के मूल लेखक राजशेखर हैं। उन्होंने सर्व सामान्य को ध्यान में रखकर ही इस नाटक का सृजन किया। दसवीं शताब्दी में अपभ्रंश भाषाओं का प्रचार बढ़ गया, लोगों को संस्कृत समझने में कठिनाई उपस्थित हुई। इससे सर्व सामान्य को ध्यान में रखकर संस्कृत के विद्वान होते हुए भी उन्होंने शौरसेनी

प्राकृत में इस सट्टक की रचना की। सर्व सुलभ भाषा होने के कारण कर्पूरमंजरी बड़ी लोकप्रिय सिद्ध हुई। भारतेंदु ने प्रस्तुत नाटक के अनुवाद से हिंदी नाट्य साहित्य में सट्टक के अभाव की पूर्ति की।

भारतेंदु हिंदी प्रदेश में नए नाट्य प्रयोग करने के लिए उत्सुक थे। इस उद्देश्य से उन्होंने विदेशी नाट्य प्रयोगों का अध्ययन करके हिंदी प्रदेश में दिखाया। बांग्ला से बड़ी सहायता मिलने पर भी, अतृप्त भारतेंदु अंग्रेज़ी नाट्य विधा पर मुग्ध थे। पाश्चात्य नाट्य विधा को यहाँ प्रदर्शित करने के उद्देश्य से उन्होंने सुप्रसिद्ध अंग्रेज़ी साहित्यकार विलियम शेक्सपियर के नाटक मर्चेंट ऑफ वेनिस का अनुवाद किया।

भारतेंदु ने मर्चेंट ऑफ वेनिस का अनुवाद 'दुर्लभबंधु' नाम से किया। इसके संबंध में श्री ब्रजरत्नदास का कथन है–'इसका प्रथम दृश्य ज्येष्ठ शुक्ल सं. 1937 की हरिश्चंद्र चंद्रिका और मोहन चंद्रिका में प्रकाशित हुआ है। वहाँ लिखा हुआ है कि निज बंधु बालेश्वर प्रसाद की सहायता से और बांग्ला पुस्तक 'सुरलता' की छाया से हरिश्चंद्र ने लिखा है' यह अवश्य अपूर्ण रह गया था, जिसे पं. रामशंकर व्यास तथा बा. राधाकृष्णदास ने पूर्ण कर प्रकाशित कराया था। यह कथन कि यह अनुवाद बा. बालेश्वर प्रसाद कृत है, भ्रममात्र है, क्योंकि उक्त सज्जन ने जो फारसी के अच्छे ज्ञाता थे, इसका अनुवाद 'वेनिस का सौदागर' के नाम से किया था।[12]

उपर्युक्त कथन से स्पष्ट है कि इस नाटक का श्रेय स्वयं भारतेंदु को है और उसके अपूर्ण रह जाने पर, इसे रामशंकर व्यास और राधाकृष्णदास दोनों विद्वानों ने पूर्ण किया था। भारतेंदु ने प्रस्तुत अनुवाद भारतीय परिवेश के अनुकूल 'भारतीयकरण' किया है। पात्रों को भारतीय नाम दिया। उसी प्रकार घटना स्थल का भी परिवर्तन करके भारतीय नामकरण दिया है।

अब प्रयोजन मूलक मूल्यांकन पद्धति के आधार पर भारतेंदु हरिश्चंद्र के अनूदित नाटकों का विवेचन करेंगे। सबसे पहले साहित्यिक योगदान पर चर्चा करेंगे।

पहले ही बताया जा चुका है कि प्रयोजन मूलक मूल्यांकन पद्धति में अनूदित कृतियों का साहित्यिक योगदान सबसे महत्त्वपूर्ण तत्त्व है। इसके अंतर्गत कथ्य, शिल्प, भाषा और शैली एवं पाठकीय अनुक्रिया के आधार पर अनूदित नाटकों का लक्ष्य भाषा साहित्य के लिए साहित्यिक योगदान क्या है? और कैसा है? इसी का विवेचन करना हमारा अभीष्ट है।

विद्यासुंदर : साहित्यिक योगदान

कथ्य–भारतेंदु जी ने बांग्ला नाटककार यतीन्द्रमोहन ठाकुर कृत विद्यासुंदर का अनुवाद सं. 1925 में किया। भारतेंदु जी ने विद्यासुंदर में 'प्रेम' संबंधी सार्वलौकिक तत्त्व के नए रूप को प्रस्तुत किया है। बांग्ला परिवेशानुकूल रचित प्रस्तुत नाटक के अनुवाद से उन्होंने हिंदी पाठक एवं दर्शक के सामने एक 'नए प्रेम' कहानी का चित्रण प्रस्तुत किया है। कथ्य इस प्रकार है–वर्द्धमान नरेश की कन्या विद्या बड़ी गुणवती और खूबसूरत है। उसकी प्रतिज्ञा है कि जो व्यक्ति उसे शास्त्रार्थ में हरा देगा, उसके साथ वह विवाह करेगी। अनेक राजकुमार शास्त्रार्थ के लिए प्रस्तुत हुए, परंतु कोई उसे परास्त न कर सका। राजा को इससे बड़ी चिंता हुई। अंत में मंत्री से यह अवगत कर कि काँचीपुर के राजा गुणसिंधु का राजकुमार सुंदर अनेक शास्त्रों में शिक्षित और सुकवि है, राजा ने गंगाभाट को उसे लाने के लिए भेजा।

इसी बीच राजकुमारी की प्रतिज्ञा सुनकर स्वयं राजकुमार सुंदर छद्मवेश में वर्द्धमान नगर आकर हीरामालिन का अतिथि बनकर वहाँ ठहर जाता है। हीरामालिन के प्रयत्न से उसका विद्या से साक्षात्कार होता है और दोनों गान्धर्व पद्धति से वैवाहिक सूत्र में बँध जाते हैं। राजा को यह पता चला कि रात्रि में कोई युवा राजकुमारी के महल में आ जाता है। वह उस चोर को पकड़ने की आज्ञा देते हैं। इसके पश्चात् सुंदर एवं हीरामालिन पकड़ा जाता है और दोनों को प्राण दंड मिलता है। इसी बीच गंगाभाट काँचीपुर से लौट आता है और सुंदर को पहचानता है। अंत में विद्या और सुंदर का विवाह हो जाता है।

नाटक में विवाह संबंधी सामाजिक प्रश्न को सुंदर रूप में चित्रित किया है। इसमें स्वेच्छा-विवाह और नियोजित-विवाह के गुण-दोष स्वाभाविक रूप में दिखाए गए हैं। नाटक में गान्धर्व-विवाह का समर्थन भी देखा जा सकता है। चिरकाल प्रचलित विवाह परंपरा की उपेक्षा को भारतेंदुजी ने चित्रित किया है। नाटक में नूतन और पुरातन विवाह पद्धतियों का संघर्ष समयानुकूल है और भारतेंदुजी की सुधारक प्रवृत्ति के अनुसार है।

डॉ. दशरथ ओझा के अनुसार विद्यासुंदर प्रतीकात्मक नाटक है। उनका कथन है कि विद्या (विज़डम) उन राजपुत्रों को प्राप्त कैसे हो सकती है जिन्हें अपने राज़वैभव का बल है और उसी बल पर विद्या (विज़डम) को प्राप्त करना चाहते हैं। विद्या की प्राप्ति के लिए गुणसिंधु प्रसूत सुंदर के सदृश राजवैभव त्यागकर

प्रवासी बनना पड़ता है। विद्या के प्रहरी का प्रहार सहना पड़ता है। प्रकृति के प्रांगण की पुजारिन मालिन का आश्रय ग्रहण करना पड़ता है। नाना शास्त्रों की कलापूर्ण माला प्रस्तुत करनी पड़ती है। विद्या (आत्मविद्या) के अभेद्य स्थलों को बेधकर अनाश्रित एकाकी बनकर उसका साक्षात्कार करने के लिए समस्त बाधाओं को सहने की शक्ति संचित करनी होती है, तब कहीं उसका साक्षात्कार हो सकता है जैसा कि सुंदर ने किया था। साक्षात्कार होने पर भी विद्या (आत्मविद्या) साधक की परीक्षा लेने के लिए मुख को आवरण से आच्छादित कर लेती है। ऐसी स्थिति में उसकी सखियाँ 'विमला' (निर्मल बुद्धि) और 'सुलोचना' (आत्मविद्या) की प्राप्ति संभव नहीं है। सुंदर के सदृश कारागार के एकांत स्थल में बैठकर तप भी अपेक्षित है।[13]

डॉ. माहेश्वर के अनुसार 'विद्यासुंदर' में प्रतीकात्मकता नहीं है। उनका कथन है 'न बांग्ला के नाटककार यतीन्द्रमोहन ठाकुर ने और न तो अनुवादक भारतेंदुजी ने ही कहीं यह इंगित किया है कि वे यह समस्यामूलक सामाजिक नाटक लिख रहे हैं और न ही उनके ध्यान में उक्त नाटक के कथानक की प्रतीकात्मकता थी।'[14] डॉ. बच्चन सिंह के अनुसार 'विद्यासुंदर नाटक जो बांग्ला का छायानुवाद है, एक विशेष दृष्टिकोण के कारण ही गृहीत हुआ है। कुछ शोधकों ने इस पर व्यर्थ में प्रतीकात्मकता का लबादा उढ़ाया है। वह उनका आत्मप्रक्षेपण (सेल्फ प्रोजेक्शन) है। विद्या न तो बुद्धि (विज़डम) है और न सुंदर तरुण तपस्वी।'[15]

डॉ. सोमनाथ ने विद्यासुंदर की आलोचना करते हुए भारतेंदुजी की 'अपरिपक्व नाट्यकला' का निर्देशन किया है।[16] उन्होंने कारण यह बताया है, 'राजा अपने गंगाभाट को गुणसिंधु राजा के पुत्र को अपने साथ लाने के लिए भेजते हैं। परंतु गंगाभाट के वहाँ पहुँचने के पहले ही न जाने किस समाचार के आधार पर सुंदर पहले से ही वर्द्धमान के राजा की नगरी में पहुँच जाता है।' डॉ. सोमनाथ के उक्त कथन के बदले में डॉ. ओझाजी का जवाब है–'हमारा उत्तर यह है कि समाचार का आधार प्रथम अंक के प्रथम गर्भांक में ही प्रकट कर दिया गया है। राजा गंगाभाट को काँचीपुर भेजने के पूर्व कहता है, 'कविराज, अब तक तुमने अनेक देशों में भ्रमण किया और अनेक राजपुत्रों को यहाँ ले आए।' इस वाक्य से यह ध्वनि निकलती है कि विवाह संबंधी विद्या की प्रतिज्ञा देशभर में फैल गई थी।'[17]

डॉ. सोमनाथ की दूसरी आपत्ति है कि 'गंगाभाट को किस प्रकार इन घटनाओं का पता चला और उन्होंने अपने दूतत्व का किस प्रकार उपयोग किया... आदि

प्रसंगों पर नाटक में किसी प्रकार का प्रकाश नहीं पड़ता।'[18] इस समस्या को भी डॉ. ओझा एक दोष नहीं मानते हैं बल्कि गुण बतलाया है। उनका कथन है–'नाट्यकला का यह एक सिद्धांत है कि जिसका अनुमान प्रेक्ष्य कल्पना के द्वारा प्रसंग की ध्वनि से निकल सकता है, उसे प्रत्यक्ष, प्रकट कर देना एक दोष है, क्योंकि उस ध्वनि का भान होने पर प्रेक्षक को जो आनंदानुभूति होती है, उससे वह वंचित रह जाता है। चरित्र-चित्रण में नाट्यकार का नैपुण्य समझ लेने से सारी समस्या दूर हो जाती है। गंगाभाट बुद्धिमान कविराज है। काँचीपुरी में जाने पर उसे सुंदर की अनुपस्थिति का कारण तथा उसका चरित्र-वैलक्षण्य अवश्य ज्ञात हो गया होगा। यह अनुभवी कविराज वर्द्धमान में आते ही सुरंग खोदकर विद्या से मिलने वाले पुरुषार्थी व्यक्ति का समाचार पाता है। कोई भी दूरदर्शी यह अनुमान लगा सकता था कि ऐसा उन्मत्त प्रेमोपात्र..... राजकुमार सुंदर के अतिरिक्त और कौन हो सकता है। वास्तव में डॉ. सोमनाथ जिस अवर्णित सूचना को नाटक का दोष मान बैठे हैं वह तो इस नाटक के अनेक गुणों में एक गुण है। अतएव उनका यह कहना कि 'विद्यासुंदर उच्चकोटि की रचना नहीं कहला सकती' सर्वथा अनुचित है। और भारतेंदुजी की काव्य प्रतिभा पर यह लांछन कि 'उनकी नाट्यकला अपरिपक्व है' सर्वथा निर्मूल और कपोल-कल्पना है।'[19]

एक अनूदित कृति पर–इसके विविध आयामी संदर्भों पर मूर्धन्य आलोचकों की राय तथा विश्लेषण–लक्ष्य भाषा में इतनी सारी चर्चाएँ उस कृति की महत्ता को प्रतिष्ठित करती हैं।

यद्यपि विद्वानों ने विभिन्न मत प्रस्तुत किए हैं, लेकिन एक अनूदित कृति होने के नाते लक्ष्य भाषा हिंदी के लिए 'विद्यासुंदर' का योगदान महत्त्वपूर्ण है। इतना ही नहीं, अन्य भारतीय भाषाओं से नाट्यानुवाद करने का श्रीगणेश भी इसी नाटक से संभव हो गया है। यह एक ऐतिहासिक महत्त्व का कार्य सिद्ध हो गया है।

शिल्प

विद्वानों के अनुसार 'विद्यासुंदर' पर आंग्ल नाटक की छाया स्पष्ट है क्योंकि इसमें आंग्ल नाटकों की तरह तीन अंक हैं, तथा नांदीपाठ, प्रस्तावना आदि का बहिष्कार भी है। नाटक में सूत्रधार, प्रवेशक, विष्कंभक आदि का उल्लेख भी नहीं है।

विद्यासुंदर में मूल नाटक की तरह तीन अंक हैं। इन तीनों अंकों को दस गर्भांकों में विभाजित किया गया है। नाटक की वस्तु का उद्देश्य सीमित हो जाने

से विद्यासुंदर में अधिक पात्रों की आवश्यकता नहीं पड़ी। नाटक के मुख्य पात्र हैं सुंदर, विद्या और हीरामालिन। इन पात्रों ने तत्कालीन सामाजिक परिस्थिति पर प्रकाश डाला है। इस प्रकार अनुवादक भारतेंदुजी ने बांग्ला संस्कृति का परिचय लक्ष्य भाषा-भाषी को दिया है। अभिनय के साथ संगीत का समावेश प्रस्तुत अनुवाद की शिल्पगत विशेषताओं में प्रमुख है। भारतेंदु ने अनुवाद में संपूर्ण परिस्थितियाँ भारतीय वातावरण के अनुकूल बनायी हैं। प्रतिज्ञा, प्रेम, गान्धर्व विवाह आदि संपूर्ण परिस्थितियाँ देशानुकूल हैं।

तत्कालीन हिंदी नाटक और रंगमंच के लिए शिल्प की दृष्टि से विद्यासुंदर का अनुवाद एवं प्रस्तुति सबसे महत्त्वपूर्ण है। क्योंकि तब तक हिंदी नाटक एवं रंगमंच अपना बचपन बिता रहा था। आगे चलकर बहुत से नाटककारों ने इसी शिल्प को आदर्श बनाकर अनेक नाटक, विशेषकर, प्रेम संबंधी नाटकों की रचना की। अतः कहना चाहिए कि शिल्प की दृष्टि से विद्यासुंदर का हिंदी नाटक के लिए योगदान महत्त्वपूर्ण है।

भाषा और शैली

भारतेंदु के समय हिंदी भाषा आधुनिक खड़ी बोली की तरह उतनी विकसित नहीं थी। यह भाषा अपने आप विकास की राह देख रही थी। अतः भाषा के क्षेत्र में अनेक प्रयोग चल रहे थे और संस्कृत, उर्दू, ब्रज, फारसी, अंग्रेज़ी आदि देशी-विदेशी भाषाओं के शब्दों का प्रयोग नाटकों में देख सकते हैं। नाटक में गतिशीलता एवं स्वाभाविकता लाने के लिए भी ऐसे शब्दों का प्रयोग कर रहे थे और गद्य-पद्य मिश्रित शैली का प्रयोग भी देख सकते हैं।

कुछ विद्वान् भाषा और शैली की दृष्टि से 'विद्यासुंदर' को सफल नहीं मानते हैं। उनके अनुसार वह निर्बल तथा व्याकरण दोषों से संयुक्त है।[20] तो भी पश्चिमी शैली के अनुसार ही नाटक तुरंत आरंभ हो जाता है। गद्य-पद्य मिश्रित शैली में रचित प्रस्तुत अनुवाद में भारतेंदु ने गद्य के लिए खड़ी बोली तथा पद्य के लिए ब्रज भाषा का प्रयोग किया है। वास्तव में विद्यासुंदर के द्वारा भारतेंदु ने लक्ष्य-भाषा भाषियों के सामने पाश्चात्य एवं पौरस्त्य नाट्य शैली का एक मिश्रित रूप ही प्रस्तुत किया है। भाषा और शैली की दृष्टि से कुछ त्रुटियाँ होने पर भी विद्यासुंदर की भाषा और शैली पूर्ण रूप से नाटकीय वातावरण के अनुकूल है और लक्ष्य भाषा के लिए उसका योगदान सदैव .रहेगा।

पाठकीय अनुक्रिया

पाठकीय अनुक्रिया की दृष्टि से जब विद्यासुंदर का मूल्यांकन किया जाता है, तो यह बात समझ में आ सकती है कि यह नाटक बाहर भी उतना सफल हुआ है जितना बंगाल में। प्रेम संबंधी नवीनतम कथ्य को हिंदी भाषा-भाषियों ने स्वीकार किया है जिसका प्रत्यक्ष प्रमाण यह है कि प्रेम को आधार बनाकर बाद में अनेकानेक नाटक हिंदी में लिखे गए। प्रेम संबंधी सीमित उद्देश्य से लिखे हुए प्रस्तुत नाटक में पाठकों को आकर्षित करने की अपूर्व क्षमता थी। पाठकों को आकर्षित करने वाले छोटे-छोटे संवाद विद्यासुंदर की विशेषता हैं। गद्य-पद्य मिश्रित शैली में लिखित विद्यासुंदर के लिए आज भी पाठक हैं क्योंकि आज भी यह मंच पर खेला जा रहा है, नई दृष्टि के साथ, नए प्रयोगात्मक ढंग से। विद्या और सुंदर की कहानी उतनी ही लोकप्रिय बन चुकी है जितना लैला और मजनूँ की। अतः निष्कर्ष यह निकलता है कि पाठकीय अनुक्रिया की दृष्टि से भी विद्यासुंदर का योगदान हिंदी नाटक एवं रंगमंच के लिए महत्त्वपूर्ण है।

रत्नावली : साहित्यिक योगदान

रत्नावली संस्कृत साहित्यकार श्री हर्ष की रत्नावली नाटिका का अनुवाद है। अनुवाद अपूर्ण होने के कारण इस नाटिका का व्यापक विश्लेषण-विवेचन असंभव है। रत्नावली का उपलब्ध अंश बहुत थोड़ा है। नांदी, प्रस्तावना तथा विष्कंभक के अतिरिक्त शेष भाग अप्राप्य है। नांदी के तीन श्लोकों में शिव तथा पार्वती के स्वरूप का उत्कृष्ट वर्णन हुआ है। अनुवाद की कुशलता उपलब्ध अंश से ही प्रकट हो जाती है।

रत्नावली नाटिका की कथा कल्पना प्रसूत है। परंतु श्री हर्ष ने समकालीन सांस्कृतिक व्यवस्था का उल्लेख बड़ी सुंदरता से किया है। नाटिका में वत्सराज तथा रत्नावली के प्रणय वर्णन, महारानी द्वारा बाधाएँ तथा अंत में पति की इच्छाओं पर आत्मसमर्पण आदि कथा को रोचकता के साथ प्रस्तुत किया है। रत्नावली नाटिका की इस वस्तुगत रोचकता से ही आकर्षित होकर भारतेंदु ने उसका अनुवाद किया है।

भारतेंदु द्वारा पद्य के स्थान पर पद्य और गद्य के स्थान पर गद्यानुवाद की सफल योजना प्रस्तुत की गई है। प्रस्तावना तथा विष्कंभक में प्रस्तुत संवादों में कथावस्तु की झलक मिल जाती है। अपूर्ण होने से नाटिका में चरित्रों का समावेश

नहीं हो पाया है केवल प्रारंभिक रूपरेखा मात्र ही बन पाई है। इसलिए चरित्रों तथा पात्रों का विवेचन नितांत असंभव है। नांदी, प्रस्तावना तथा विष्कंभक में पूर्ण कथावस्तु का विकास नहीं पाया जाता है। अतः कथावस्तु, चरित्र और रस के आधार पर इसका मूल्यांकन नहीं किया जा सकता।[21]

वास्तव में भारतेंदु जी की इच्छा हिंदी जगत् के सामने शास्त्रीय दृष्टि से एक अत्यंत सफल नाटिका का नमूना रखना था। इसके लिए उन्होंने रत्नावली को ही चुना और उसका अनुवाद किया।

पाखंड विडंबन : साहित्यिक योगदान

पाखंड विडंबन संस्कृत नाटककार श्रीकृष्ण मिश्र रचित प्रबोध चंद्रोदय के तीसरे अंक का अनुवाद है। भारतेंदुजी ने 'रत्नावली' और 'विद्यासुंदर' नाटकों के चार वर्ष पश्चात् सं. 1925 में इसका अनुवाद किया। मानसिक वृत्तियों को पात्र मानकर लिखा हुआ प्रस्तुत नाटक अपनी कोटि में सर्वश्रेष्ठ परिगणित होता है।

पाखंड विडंबन एक प्रतीकात्मक नाटक है। इसमें नाटककार ने पाखंडियों की पोल खोलते हुए उनकी निंदा की है। मानवेतर तथा प्रवृत्तियों के सूचक पात्रों के माध्यम से प्रतीकात्मक कथानक विकसित किया गया है, जिसके द्वारा नाटककार ने व्यक्त किया है कि किस प्रकार श्रद्धा के विकृत होने पर सांसारिक जन इंद्रिय सुखों को ही जीवन का सार समझ लेते हैं और सात्विक श्रद्धा को खो बैठते हैं।

कथ्य

पाखंड विडंबन का कथ्य सामाजिक है। धर्म के विकृत संगत रूप की प्रतिष्ठा और पाखंड की विकृतियों का उद्घाटन ही इस नाटक का कार्य है। मन की सद् और असद् वृत्तियों के संघर्ष में सद्वृत्तियों की विजय होती है। सद्वृत्तियों का सेनानायक 'विवेक' विष्णुभक्ति की सहायता से विजय हासिल करता है। उसका विवाह 'उपनिषद् विद्या' से हो जाता है। जिसके फलस्वरूप 'प्रबोधोदय' का जन्म होता है। इस मुख्य कथा के अतिरिक्त श्रद्धा एवं शांति की प्रासंगिक कथा है जिसे भारतेंदुजी ने अपने पाखंड विडंबन में स्थान दिया है।

प्रबोध चंद्रोदय में 'विवेक' और 'मोह' दो नायक हैं। विवेक की प्रबलता को देखकर 'मोह' उसे नष्ट करने की चेष्टा करता है। वह अपने साथी 'दम्भ' के साथ काशी नगर में अपना प्रभुत्व ज़माने आता है। मोह 'श्रद्धा' और 'धर्म'

में भेद डालकर 'शांति' को अपना बंदी बनाना चाहता है। नाटक के प्रथम दो अंकों की इतनी ही वस्तु है। इसके बाद तृतीय अंक की कथावस्तु अर्थात् अनूदित 'पाखंड विडंबन' की कथा इस प्रकार है कि 'शांति' अपनी सखी 'करुणा' के साथ अपनी माता श्रद्धा को ढूँढ़ती फिर रही है। वे दोनों पहले पाखंडियों और बौद्ध भिक्षुकों के पास जाती हैं। लेकिन वहाँ केवल तामसिक 'श्रद्धा' को ही मिलता है। इसी बीच जैन दिगंबर और बौद्ध भिक्षुक आपस में वाद-विवाद करते हैं। इस वाक् युद्ध में प्रत्येक अपने मत को श्रेष्ठ बताते हैं। इसी समय 'कापालिक' के रूप में 'भैरव मार्गानुगामी', 'सोमसिद्धांत' आता है। वह भी अपने संप्रदाय की विशेषताओं का घोर समर्थन करता है। उसके पास 'राजसिक श्रद्धा' है। 'सोमसिद्धांत' अपनी 'राजसिक श्रद्धा' से जैन दिगंबर और बौद्ध भिक्षुक को आलिंगन कराते हैं। अनंतर श्रद्धा के अधरों से छुई सोम पान कर वे दोनों सोमसिद्धांत के शिष्य बन जाते हैं। कापालिक 'सोमसिद्धांत' अपने विद्या-बल से श्रद्धा और कर्म को खींचना चाहता है। शांति और करुणा क्षपणक से यह जानकर कि श्रद्धा और धर्म विष्णु भक्ति के साथ हैं, वहाँ ही कामरहित धर्म है, उनके समीप इन पापियों के मनोरथ कहने के लिए दोनों चली जाती हैं।

उक्त कथावस्तु समग्र नाटक का एक अंश होकर भी अपने आपमें पूर्ण है। एकसूत्रित घटनाएँ और उसका सुंदर सामंजस्य स्वाभाविक गति से नाटक को फल की ओर अग्रसर करता है। कथ्य की दृष्टि से प्रस्तुत नाटक सफल एवं महत्त्वपूर्ण है। इसमें पाखंडियों का बाह्याडंबर और उनके दुराचार का परिहार ही झलकता है। जिस समय भारतेंदु ने प्रस्तुत नाट्यानुवाद किया, उस समय जनता इस प्रकार के पाखंडियों से अत्यंत दुःखी थी। बाह्याडंबर में फँसी हुई जनता को उससे बचाने के 'दीपस्तंभ' का कार्य ही प्रस्तुत अनुवाद के द्वारा भारतेंदुजी ने किया है।

शिल्प

कुल मिलाकर पाखंड विडंबन की मूल कहानी—प्रबोध चंद्रोदय—छह अंकों में विभाजित है। भारतेंदुजी ने मूल के तीसरे अंक को बिना नांदी प्रस्तावना दिए ही उसी प्रकार ज्यों का त्यों अनूदित किया है। मूल में यदि ढोंग के विरोध में प्रखर प्रयास निहित हैं तो अनुवाद में भी अपने समय का ढोंग पूर्ण धार्मिक क्रियाओं के प्रति विक्षोभ से पूर्ण देखा जा सकता है। जिसके लिए जिन पात्रों का निर्माण किया है वह अपने आप में पूर्ण हैं, ये पात्र मनोविकार के प्रतीक हैं। नाटककार

ने श्रद्धा में शांति का सामंजस्य तथा जहाँ भक्ति और धर्म है वहाँ श्रद्धा का होना नितांत आवश्यक है—इन मनोवैज्ञानिक व्यापारों का संयोग स्वाभाविक रूप से किया है। इस प्रकार परिवेश, पात्र, दृश्यविधान, वस्तु आदि जितने समग्र रूप में मूल में हैं, उसी समग्रता के साथ अनुवाद में लाया गया है। अतः शिल्प की दृष्टि से भी 'पाखंड विडंबन' का अपना महत्त्व है।

भाषा और शैली

पाखंड विडंबन की भाषा में प्रवाह है, साथ ही सुबोधता भी है। 'प्रबोध चन्द्रोदय' के लिए कई अनुवाद हुए हैं किंतु अन्य अनुवादों से भारतेंदु के प्रस्तुत अनुवाद की सर्वप्रमुख विशेषता यह है कि साधु-संन्यासी की भाषा में अन्य पात्रों की भाषा से अंतर उपस्थित कर दिया गया है। हिंदी के अन्य किसी भी अनुवादक का ध्यान इस विशेषता की उपयोगिता की ओर नहीं गया। इस भाषांतर के प्रयोग से अनुवाद में सजीवता एवं रोचकता का संचार हुआ है।

दिगंबर सिद्धांत और भिक्षुक बुद्धागम की भाषा विलक्षण और तोतले उच्चारणों से युक्त है। संप्रदायों के विकृत स्वरूपों के साथ उनकी विकृत भाषा मनोरंजक है। मूल नाटक में ये पात्र संस्कृत में बोलते हैं, किंतु पात्रानुसार भाषा रखने के लिए भारतेंदु ने उनमें परिवर्तन कराया है। साधुओं की अटपटी भाषा के अतिरिक्त गद्य में खड़ी बोली और पद्य में ब्रजभाषा के प्रयोग द्वारा नाटक में सरस प्रवाह का संचार हुआ है। गद्य की भाषा व्यवस्थित है, पद्य की भाषा में माधुर्य है। नाटकीय वातावरण को बनाए रखने के लिए और कथ्य को सुदृढ़ रखने के लिए जिस भाषा का प्रयोग किया था, वह मूल नाटक की पठनीयता और बोधगम्यता के लिए सहायक है।

पाठकीय अनुक्रिया

भाषा के प्रयोग तथा कथ्य की समसामयिकता के कारण पाठ्यकृति के रूप में पाखंड विडंबन सफल है। ब्रह्म जिज्ञासा को लेकर देश में समय-समय पर जन्म लेने वाले आस्तिक-नास्तिक संप्रदाय आरंभिक पवित्रता और नैतिकता को छोड़कर बाद में आडंबर और दम्भ के विलास स्थान हो जाते हैं, जिससे उन संप्रदायों का उद्देश्य खो जाता है। तत्कालीन समाज में प्रसारित सांप्रदायिक विकृतियों को दिखाना ही भारतेंदु का उद्देश्य है। किसी भी समाज की उन्नति या विकास के लिए उसकी परंपरा का बड़ा हाथ रहा है। आधुनिक भारतीय साहित्य ने संस्कृत

साहित्य से बहुत कुछ लिया है। संस्कृत नाट्य साहित्य से कृतियों का अनुवाद करके युगदृष्टि रखने वाले विद्वान् लोगों ने अपनी भाषा और समाज के लिए सद्मार्ग दिखाने का कार्य किया है। भारतेंदुजी के प्रस्तुत अनुवाद इस दृष्टि से सफल हैं।

धनंजयविजय : साहित्यिक योगदान

संस्कृत कवि कांचन के धनंजयविजय व्यायोग का अनुवाद भारतेंदुजी ने सन् 1873 ई. में किया जो सन् 1874 ई. में पुस्तकाकार रूप में प्रकाशित हुआ। सन् 1883 ई. में इसका दूसरा संस्करण और सन् 1887 ई. में तीसरा संस्करण प्रकाशित हुआ।

कथ्य

भारतेंदु ने धनंजयविजय के द्वारा हिंदी साहित्य में रौद्र-रस, प्रधान नाटक की छटा दिखायी है। इसका कथ्य महाभारत के विराट पर्व से लिया गया है। अज्ञातवासकाल में पांडव द्रौपदी सहित विराट के राज्य में गुप्त रूप से रह रहे थे। इस समय दुर्योधन राजा विराट की नगरी में आकर उनकी साठ सहस्र गायों को हड़पकर ले गया। उस समय राजा विराट त्रिगतराज सुशर्मा से युद्ध करने के कारण राजधानी से बाहर थे। अतः स्वयं अर्जुन ने कुमार उत्तर को सारथी बनाकर गायों को छुड़ाने के लिए प्रस्थान किया और अकेले कौरव सेना को हराकर संपूर्ण गोधन छुड़ा लाए। इससे प्रसन्न होकर राजा विराट उत्तरा का विवाह अभिमन्यु से करने के लिए पांडवों की अनुमति पाकर आभारी हुए।

मूल में नांदीपाठ में तीन श्लोक हैं, परंतु भारतेंदु ने केवल पहले श्लोक का अनुवाद किया है। इस व्यायोग के अनुवाद में जो भरतवाक्य है, उसमें आधुनिकता की छाप है। 'छुटै राजकर' कहलाकर भारतेंदु ने तत्कालीन कर-वृद्धि की स्थिति पर दृष्टिपात किया है।[22]

रामायण, महाभारत जैसी रचनाओं ने भारतीय साहित्य पर अमिट प्रभाव डाला है। प्रस्तुत व्यायोग अनुवाद करके भारतेंदु ने तत्कालीन सामाजिक एवं राजनीतिक दृष्टि से कहानी को प्रस्तुत करने की सफल कोशिश की। अतः स्पष्ट है कि भारतेंदु का उद्देश्य महाभारत की कहानी को दोहराना नहीं बल्कि अनुवाद में भी उन्होंने उस दृष्टि को सामने रखा है कि अगर समाज को आगे बढ़ना है तो समाज के साथ बढ़ना है। यही, प्रस्तुत व्यायोग के अनुवाद का सबसे बड़ा योगदान मान सकते हैं।

शिल्प

धनंजयविजय एक व्यायोग है। व्यायोग नाटक की सबसे बड़ी विशेषता यह है कि संपूर्ण कथानक एक ही दिन में घटित हो जाता है और वह अति-प्रसिद्ध हुआ करता है। इसमें केवल एक ही अंक होता है। स्त्री पात्रों की संख्या अत्यंत अल्प होती है। हास्य, शृंगार एवं शांति के अतिरिक्त कोई भी रस प्रधान हो सकता है। युद्ध का कारण कोई स्त्री नहीं होती है। गर्भ एवं विमर्श को छोड़कर शेष तीन संधियों (मुख, प्रतिमुख, निर्वहण) का समावेश किया जाता है। नायक कोई प्रसिद्ध धीरोदात्त पुरुष, राजर्षि या दिव्य पुरुष होता है। कौशिकी वृत्ति का प्रयोग नहीं किया जाता है।[23]

धनंजयविजय में भी एक अंक है और स्त्री पात्र भी नहीं है। संपूर्ण व्यायोग में एक ही रस की प्रधानता है। नाटक का सारा वातावरण वीर रस प्रधान है। व्यायोग के अन्य तत्त्वों को भी नाटक में ज्यों का त्यों स्वीकार किया है।

अनूदित नाटकों का शिल्प मूल नाटक की तरह रहता है। लेकिन भारतेंदु ने विभिन्न नाट्य रूपों को अनुवाद करके हिंदी रंगकर्मियों का ध्यान उसकी ओर आकृष्ट कर दिया है। उन्होंने धनंजयविजय व्यायोग का अनुवाद करके संस्कृत नाट्य साहित्य के साथ-साथ व्यायोग की शिल्पपरक खूबियों का हिंदी नाट्य साहित्य के लिए परिचय करा दिया है। वास्तव में यही प्रस्तुत नाट्यानुवाद का शिल्पपरक योगदान है।

भाषा और शैली

संस्कृत नाटकों का हिंदी अनुवाद करना आसान है क्योंकि दोनों भाषाएँ एक ही कुल की हैं। अनुवादक का महत्त्व इस बात पर है कि स्रोत भाषा की कहानी को सजीवता एवं स्वाभाविकता के साथ लक्ष्य भाषा में प्रस्तुत करे। भारतेंदु ने धनंजयविजय की भाषा एवं शैली को लक्ष्य भाषा के पाठकों के सामने जीवंतता के साथ प्रस्तुत किया है। भाषा में किसी प्रकार का शैथिल्य नहीं है। हिंदी के पाठकों ने उसे अनूदित कृति के समान नहीं बल्कि हिंदी नाटक के समान ही स्वीकार किया है।

पाठकीय अनुक्रिया

पाठकीय अनुक्रिया की दृष्टि से धनंजयविजय सफल है। हिंदी में इस नाटक के

लिए पाठक अपेक्षाकृत अधिक थे। जिसका प्रत्यक्ष प्रमाण यह है कि इस नाटक के प्रथम, दूसरे तथा तीसरे संस्करण अब तक निकल चुके हैं। व्यायोग की प्रस्तुति उन दिनों हिंदी पाठकों के लिए एक नई अनुभूति थी, वे इस वीर रस प्रधान नाट्य रूप को यथाविधि देखने के लिए उत्सुक थे। अतः कहना चाहिए कि पाठकीय अनुक्रिया की दृष्टि से भी धनंजयविजय का योगदान महत्त्वपूर्ण है।

मुद्राराक्षस : साहित्यिक योगदान

महाकवि विशाखदत्त कृत संस्कृत नाटक 'मुद्राराक्षस' का अनुवाद भारतेंदुजी ने 1875 ई. में किया। भारतेंदु ने प्रस्तुत अनुवाद, अपने गुरु राजा शिवप्रसाद सितारे हिंद की प्रेरणा से किया है। भारतेंदु और शिवप्रसाद के बीच में राजनीतिक तथा भाषा संबंधी विषय में मतैक्य नहीं था, विरोध था। फिर भी मनमुटाव होते हुए भी भारतेंदुजी ने 'मुद्राराक्षस' को राजा साहब को समर्पित किया।[24]

मुद्राराक्षस में भारतेंदु ने विस्तृत भूमिका में पूर्वकथा और उपसंहार में इतिहास संबंधी अनुसंधान के विवरण दिए हैं। साहित्यिक दृष्टि से यह भारतेंदुजी का एक सफल योगदान है। नाटक की ऐतिहासिकता पर प्रकाश डालने की प्रस्तुत पद्धति मुद्राराक्षस की एक विशेषता है।

कथ्य

मुद्राराक्षस का कथ्य राजनीतिक प्रवृत्तियों से संबंधित है जो हिंदी के लिए तब तक अपरिचित था जिसमें नंदवंश के उन्मूलन के बाद राक्षस में उत्पन्न प्रतिक्रियाओं का वर्णन, साथ ही उसे किसी न किसी प्रकार चंद्रगुप्त का मंत्री बनाना स्वीकार करने की चाणक्य की कूटनीति का वर्णन है।

मुद्राराक्षस चाणक्य का विरोधी है, वह चाणक्य नीति को असफल करने के प्रत्यत्न में है। नाटक के प्रारंभ में चाणक्य अपने गुप्तचर से राक्षस की मुद्रा अपने पास रखते हैं। नाटक के नाम का आधार यही मुद्रा है। इसी मुद्रा के माध्यम से चाणक्य अपने गुप्तचर 'सिद्धार्थक' के माध्यम से ऐसी योजनाएँ बनाते हैं कि राक्षस की समग्र नीतियाँ असफल हो जाती हैं। अंत में राक्षस चंद्रगुप्त का मंत्रित्व स्वीकार करते हैं।

नाटक की उक्त कथावस्तु का संगठन पूर्ण वैज्ञानिक सा प्रतीत होता है। इसमें देश-प्रेम की प्रमुखता है। उलझे हुए देश को उलझन से मुक्त करके प्रगति की ओर बढ़ाने के लिए बुद्धि एवं शक्ति, इन दोनों की ज़रूरत है। साथ-साथ

एक संचालक भी चाहिए। चाणक्य वही संचालक हैं, जिन्होंने चन्द्रगुप्त रूपी शक्ति स्वरूप और राक्षस रूपी बुद्धि स्वरूप को मिलाकर देशोन्नति के लिए सफल सूत्रधार का दायित्वपूर्ण कार्य सँभाला है।

प्रस्तुत ऐतिहासिक कहानी को हिंदी में प्रस्तुत करके भारतेंदुजी ने युगद्रष्टा का कार्य सँभाला है। इसी कहानी को लेकर बंगाल में टी. एल. रॉय, हिंदी में जयशंकर प्रसाद आदि बहुत से कल्पनाशील साहित्यकारों ने नाटकों की रचना की है। हिंदी में ही विशाखदत्त कृत मुद्राराक्षस के अनेकानेक अनुवाद अब प्राप्त हैं लेकिन इसकी ओर पहली दृष्टि भारतेंदु ने डाली थी। इस प्रकार मुद्राराक्षस के भारतेंदु कृत नाट्यानुवाद सबसे महत्त्वपूर्ण हैं।

शिल्प

मुद्राराक्षस नाटक में कुल मिलाकर सात अंक हैं। प्रस्तुत नाटक का अंक ही दृश्य है अतः नाटक में केवल सात दृश्य हैं। अनुवादकार भारतेंदु ने मूल से भिन्न होकर दृश्य योजना में काल्पनिक रूप ही दिया है। मूल नाटक में नांदीपाठ में दो श्लोक हैं। अनुवाद में भारतेंदु ने अपनी ओर से एक दोहा रखा है—

भरित नेह नवनीर नित, बरसत सुरस अथोर।
जयति अपूरब धन कोऊ, लखि नाचत मन मोर॥

प्रस्तुत नांदी का प्रयोग इस नाटक के अतिरिक्त कर्पूरमंजरी में भी प्रयुक्त है। नांदीपाठ के शेष दो छंदों में शिव और पार्वती के संबंध में छल-कपट की बात का प्रसंग चलाकर वर्णन किया है। जिससे प्रस्तुत नाटक के विषय का साधारण आभास मिलता है।

मुद्राराक्षस की प्रस्तावना अंश में सूत्रधार और नटी के संवाद द्वारा नाटक की कथावस्तु का परिचय दे दिया है। नटी उस दिन चंद्र ग्रहण का योग कहती है, जबकि सूत्रधार उसका खंडन करते हुए कहता है—

चन्द्रबिंब पूर न भए क्रूर केतु हठदाय
बल सों करि है ग्रास कह...

इसी समय नेपथ्य में 'हे मेरे जीते जी चन्द्र को कौन बल से ग्रस सकता है' कहकर चाणक्य रंगमंच पर प्रवेश करता है।

सुगठित वस्तु के समान ही नाटक में पात्रों का चयन भी हुआ है। नाटक

के मुख्य पात्रों में चाणक्य, राक्षस, चन्द्रगुप्त, सिद्धार्थक, मलयकेतु, विराधगुप्त आदि प्रमुख हैं। इन पात्रों में दो पक्ष स्पष्ट हैं। एक में चाणक्य, चन्द्रगुप्त, सिद्धार्थक आदि और द्वितीय में राक्षस, मयलकेतु, विराधगुप्त आदि। नाटक में दोनों पक्षों के पात्र गोटों के समान अपने-अपने पक्ष में प्रतिष्ठित हैं और उसको खेलने वाले हैं चाणक्य और राक्षस। इस प्रकार पात्र चयन एवं चरित्र में भी शिल्पपरक विशेषता निहित है। नाटक में ऐतिहासिक धरातल पर काल्पनिक कार्य-व्यापारों की सृष्टि करके नाटक को अत्यन्त सरस बनाया है। अनुवाद में भी इस सरसता की रक्षा भली प्रकार हुई है।

वस्तु गठन, पात्र, संवाद, दृश्ययोजना आदि शिल्पपरक तत्त्वों का सुनियोजन मुद्राराक्षस नाटक की विशेषता है। अतः प्रस्तुत नाटक के अनुवाद में भी इस तरह के शिल्पपरक तथ्यों का ज्यों का त्यों निर्वाह किया गया है। सृजनशील कलाकार अपनी कल्पनाशीलता का प्रयोग रचनाओं में करते हैं। मुद्राराक्षस के अनुवाद में भारतेंदु ने अपनी कल्पना का प्रयोग करके सजीव एवं स्वाभाविकता के साथ मुद्राराक्षस को हिंदी में प्रस्तुत किया गया है।

भाषा और शैली

भाषा और शैली की दृष्टि से मुद्राराक्षस सफल अनुवाद है। इसमें सजीव, स्वाभाविक और व्यावहारिक भाषा का प्रयोग हुआ है। अनुवाद के गद्य तथा पद्य दोनों में ही मूल के भावों का यथेष्ट प्रदर्शन किया गया है। अनुवाद में भारतेंदु ने सरल और मुहावरेदार भाषा का प्रयोग किया है। 'साँप तो सिर पर बूटी पहाड़ पर' मुहावरा तथा इसी पर पद्य रूप 'औषधि दूर हिमाद्रि सिर पे सर्प कठोर' उनके भाषाधिकार एवं नाट्य मर्मज्ञता का प्रमाण है। अतः भाषा और शैली की दृष्टि से मुद्राराक्षस का हिंदी अनुवाद का योगदान महत्त्वपूर्ण है।

पाठकीय अऩुक्रिया

पाठ्यकृति के रूप में मुद्राराक्षस पूर्ण सफल है। राजनीतिक घटनाओं को, पात्रों के माध्यम से कहलाकर कथावस्तु का जो विस्तार प्रदान किया है, वह पाठकों को आकर्षित करने वाला है। नाटकीय वातावरण को बनाए रखने के लिए और कथ्य को सुदृढ़ रखने के लिए भाषा का जो सजीव प्रयोग हुआ है, उससे मौलिक नाटक का सा आनंद होता है।

कर्पूरमंजरी : साहित्यिक योगदान

कर्पूरमंजरी राजशेखर कृत एक 'प्राकृत भाषा' सट्टक है। कर्पूरमंजरी का अनुवाद भारतेंदु हरिश्चंद्र ने अप्रैल 1876 ई. में किया। 'प्राकृत' से अनुवाद करना कठिन होकर भी उन्होंने सरलता से इस पत्थर को फोड़ा है।

कथ्य

कर्पूरमंजरी एक सट्टक है। कर्पूरमंजरी की मुख्य वस्तु प्रेम है। लेकिन भारतेंदुजी ने सामाजिक परिवर्तन को ध्यान में रखकर ही प्रस्तुत सट्टक का अनुवाद किया है। सिद्धों का प्रभाव राजपरिवार के ऊपर कितना विषैला पड़ रहा है, यही दिखाना उनका उद्देश्य था।

कर्पूरमंजरी की कथावस्तु इस प्रकार है... राजा चंद्रपाल और रानी विभ्रमलेखा वसंतोत्सव और मलयानिल का वर्णन करते हैं। इसी बीच विदूषक और विवक्षणा में वसंत-वर्णन के संबंध में प्रतिद्वंद्विता प्रारंभ हो जाती है और विदूषक रुष्ट होकर चला जाता है। कुछ समय के उपरांत, वह सिद्ध योगी भैरवानंद को लेकर आता है। राजा द्वारा कुछ अद्‌भुत दिखलाने की प्रार्थना करने पर योगबल से वह विदर्भ नगर की राजकुमारी कर्पूरमंजरी को उपस्थित कर देता है। राजा उसके रूप पर मुग्ध हो जाता है। रानी को पता चला कि अपने पति कर्पूरमंजरी पर आकृष्ट हैं। वह इन दोनों को, एकत्रित करने से रोकने की प्रवृत्ति करती है। लेकिन अंत में विवश होकर दोनों की शादी के लिए तैयार हो जाती है। इस प्रकार नाटक में भैरवानंद द्वारा उत्पन्न समस्याओं का चित्रण है। ऐसे पाखंडी साधुओं से सावधान करने के उपदेश ही भारतेंदुजी द्वारा अनूदित प्रस्तुत नाटक के कथ्य में निहित हैं। कर्पूरमंजरी का अनुवाद करके भारतेंदुजी एक ओर सट्टक जैसे नाट्‌य रूप का परिचय देते हैं तो दूसरी ओर ऐसी कहानियों को प्रस्तुत करके सामाजिक उद्धार के लिए प्रेरणा भी देते हैं। अतः कथ्यात्मक दृष्टि से प्रस्तुत नाटक का अनुवाद हिंदी नाट्‌य साहित्य को समृद्ध करने में सक्षम हो जाता है।

शिल्प

शिल्प की दृष्टि से कर्पूरमंजरी के अनुवाद की सबसे बड़ी विशेषता यह है कि यह एक सट्टक है। सट्टक वास्तव में एक प्रकार की नाटिका है। नाटिका के लक्षण हैं—कथा कवि-कल्पित हो। विमर्श शून्य या अल्प विमर्श वाले चार अंक होते हैं। नायक प्रसिद्ध धीरललित होता है। पात्रों में स्त्री पात्रों की प्रधानता होती

है। नायिका रनवास से संबद्ध होती है। अथवा अन्य कोई नवानुरागवती कन्या होती है। इसमें रानी ज्येष्ठ नायिका होती है। इसी के भय से नायक नायिका खुलकर नहीं मिल पाते हैं। यह पद-पद पर मान करती है। नायक-नायिका का मिलन ज्येष्ठ नायिका रानी की अनुमति से ही होता है। अंगों सहित कौशिकी वृत्ति का प्रयोग होता है।[25]

कर्पूरमंजरी में यह सभी गुण विद्यमान रहने के कारण ही अन्य सट्टकों को छोड़कर भारतेंदु ने इसका अनुवाद किया है। कर्पूरमंजरी प्रेमप्रधान होने के कारण उसके अनुसार ही पात्र चयन किया है। राजा, रानी, विदूषक, कर्पूरमंजरी, विचक्षण और भैरवानंद आदि इस नाटक के प्रमुख पात्र हैं। नाटक में 'श्रृंगार' रस को मुख्य रस के रूप में स्वीकार किया है।

शिल्प की दृष्टि से प्रस्तुत नाटक का अनुवाद करके भारतेंदुजी ने दशरूपक के विभिन्न रूपों में से सट्टक जैसी विधा का परिचय देना चाहा है। क्योंकि लक्ष्य भाषा के हिंदी में इस तरह के विभिन्न रूपों के नाटक अप्राप्य हैं। अगर हिंदी नाटक को आगे बढ़ाना है, एक स्वस्थ परंपरा की नींव डालनी है, तो संस्कृत के विभिन्न नाट्य रूपों का परिचय प्राप्त करना ज़रूरी है। हमारी नाट्य परंपरा सबसे प्राचीन है। इस परंपरा को पहचाने बिना हिंदी नाटक और रंगमंच को स्तरीय नहीं बना सकते। इन दृष्टियों से कर्पूरमंजरी का हिंदी अनुवाद महत्त्वपूर्ण बन जाता है, विशेषकर शिल्प की दृष्टि से।

भाषा और शैली

नाटकीय वातावरण बनाए रखने के लिए भाषा और शैली का प्रयोग विशेष रूप से उल्लेखनीय है। साथ ही साथ पात्रों की मानसिक अवस्था एवं भावाभिव्यक्ति को व्यंजित करने में भाषा और शैली का अपना योगदान है। संस्कृत के पंडित होने के नाते भारतेंदुजी को भाषा निपुणता स्वयं परंपरागत ढंग से मिली थी। इसलिए अनायास ढंग से हिंदी में अनुवाद भी किया। इतना ही नहीं, भाषा और शैली का उन्होंने मंच के अनुरूप प्रयोग किया है।

कर्पूरमंजरी की भाषा सजीव और प्रासादिक है। हास्य और व्यंग्य के प्रसंगों में भाषा में चपलता का भली प्रकार प्रयोग करके भारतेंदुजी ने अनुवाद को सरस बना दिया है। स्थान-स्थान पर भाषा आलंकारिक तथा व्यंजना प्रधान हो गई है। तथा अन्य स्थलों पर सामान्य बोलचाल की भाषा का व्यवहार हुआ है। मूल के मुहावरों और लोकोक्तियों के अनुवाद में भारतेंदु ने सुरक्षित रूप में बोलचाल की

भाषा को सौष्ठव बनाने के लिए प्रयोग किया है। सौंदर्य वर्णन के समय भाषा में काव्यात्मकता तथा आलंकारिकता का प्राधान्य है। अतः स्पष्ट है कि भाषा शैली की दृष्टि से भी कर्पूरमंजरी महत्त्वपूर्ण है।

पाठकीय अनुक्रिया

पाठकीय अनुक्रिया की दृष्टि से कर्पूरमंजरी सफल है। सामाजिक उद्धार का संदेश होने के कारण पाठकों ने इसे स्वीकार किया है। प्रासादिक, बोलचाल संपन्न एवं मुहावरायुक्त भाषा पाठकों को आकर्षित करने युक्त है। अतः हम कह सकते हैं कि पाठकों को अपनी ओर आकृष्ट करने वाली सामग्रियाँ कर्पूरमंजरी में निहित हैं।

दुर्लभबंधु : साहित्यिक योगदान

विश्वविख्यात साहित्यकार शेक्सपियर के सुखांत नाटक 'मर्चेंट ऑफ वेनिस' का अनुवाद भारतेंदु हरिश्चंद्र ने 'दुर्लभबंधु' नाम से किया है। भारतेंदु के समय तक अंग्रेज़ी का पाठ-पठन प्रारंभ होकर उन्नति कर चुका था। अतः उसी के प्रभाव के कारण भारतेंदु ने प्रस्तुत अनुवाद किया है। यह अनुवाद अपूर्ण माना गया है, जिसकी पूर्ति पं. रामशंकर व्यास तथा बा. राधाकृष्णदास ने की थी। इसके संबंध में श्री व्रजरत्नदास का कथन है–'इसका प्रथम दृश्य ज्येष्ठ शुक्ल सं. 1937 की हरिश्चंद्र चंद्रिका और मोहन चंद्रिका में प्रकाशित हुआ है। वहाँ लिखा हुआ है कि निजबंधु बा. बालेश्वर प्रसाद की सहायता से और बांग्ला पुस्तक 'सुरलता' की छाया से हरिश्चंद्र ने लिखा।'[26] यह अवश्य अपूर्ण रह गया था, जिसे पं. रामशंकर व्यास तथा बा. राधाकृष्णदास ने पूर्ण कर प्रकाशित कराया था।[27]

कथ्य

कथ्य की दृष्टि से 'दुर्लभबंधु' सर्वश्रेष्ठ माना जा सकता है। क्योंकि इसमें आफत में मदद करने वाले एक ऐसे बंधु, जो संसार में बहुत दुर्लभ होता है, का चित्रण किया है, जो विश्व साहित्य में बंधुत्व और दोस्ती का पर्याय बन गया है। मित्रता तो हर समाज में व्यक्तियों के बीच होती जा रही है, लेकिन जब कोई आपत्ति आती है तब अपने दोस्तों को भूल जाने वालों के लिए यह एक 'नया' आदर्श है।

'अनंत' और 'बसंत' दोनों दोस्त हैं, बसंत बिल्वमठ जाकर 'पुरश्री' से

विवाह करना चाहता है। लेकिन उसके पास रुपयों की कमी है। वह अनंत के पास पहुँचता है। अपने सारे जहाज़ समुद्र में होने के कारण अनंत के पास भी पैसा नहीं था। विवश होकर दोनों ने नगर के शैलाक्ष नामक जैन व्यापारी से अनंत की ज़मानत पर तीन महीने की अवधि पर पैसा उधार के रूप में स्वीकार किया। शैलाक्ष की शर्त यही है कि यदि तीन महीने में उसको उधार का धन न मिला तो वह अनंत के शरीर के किसी भाग से आधा सेर मांस काटने का अधिकारी होगा।

बसंत बिल्वमठ पहुँचकर विवाह-परीक्षा में विजयी होकर पुरश्री से शादी करते हैं। शैलाक्ष की एकमात्र बेटी है जसोदा, जो आर्य लवंग के साथ प्यार करती है। सलोना की सहायता से दोनों भागकर बिल्वमठ पहुँचते हैं। बसंत से मुलाकात हो जाने पर वे यह दुःखी समाचार बसंत को देते हैं कि अनंत के सारे जहाज़ डूब गए और शैलाक्ष शर्त के अनुसार अनंत का मांस माँग रहा है। इसके बाद बसंत पुरश्री से तिगुनी रकम लेकर गिरीश के साथ वंशपुर जाता है। 'गिरीश' उसका दोस्त है उसका विवाह 'नरश्री' से हुआ है। बसंत और गिरीश के जाने के बाद पुरश्री और नरश्री एक नौजवान वकील और उसके लेखक के रूप में वेष बदलकर वंशपुर पहुँचते हैं। शर्त के अनुसार मांस काटने के लिए शैलाक्ष छुरी और तराजू लेकर तैयार हो रहा था। तब बालेश्वर नामक वकील के रूप में पुरश्री ने आकर नमस्सुक पढ़ा। उसके बाद शैलाक्ष से दयालु होने और रुपए लेने के लिए कहती है। लेकिन शैलाक्ष ने इस प्रार्थना को अस्वीकार किया। तब पुरश्री यह फैसला देती है कि वह आधा सेर मांस ले सकता है, किंतु रक्त की एक बूँद भी न गिरे। अतः शैलाक्ष परास्त हो जाते हैं। नाटकांत में बसंत और गिरीश से पुरश्री और नरश्री सच बताते हैं कि वे ही वकील और लेखक थे।

प्रस्तुत कथ्य अत्यंत सुसंबद्ध और सुगठित है। यह बिल्कुल हमारे जीवन में नया प्रकाश देने वाला है। प्रस्तुत कहानी के 'बिंदु' सार्वजनिक हैं। अतः ऐसी एक सार्वजनिक कथा ने बिंदु को देशी संस्कृति के अनुकूल बनाकर नाटकीय वस्तु बना दिया है। इसलिए अनुवाद से भी ज्यादा रूपांतरण कहना समीचीन रहेगा। लेकिन इसकी विशेषता यह है कि प्रस्तुत नाट्यानुवाद को पढ़कर या मंच पर नाटक देखकर हम अपनापन का अनुभव महसूस कर सकते हैं। यही कथ्यात्मक दृष्टि से दुर्लभ बंधु का योगदान है।

शिल्प

दुर्लभबंधु में कुल मिलाकर पाँच अंक हैं। इन पाँच अंकों को बीस दृश्यों में विभाजित किया है। भारतेंदु द्वारा अनूदित प्रस्तुत नाटक की सबसे बड़ी विशेषता वातावरण संबंधी भिन्नता में है। मूल नाटक से भिन्न होकर भारतेंदुजी के अनुवाद में पूर्ण भारतीय वातावरण है। मूल नाटक के स्वरूप को बिना बदले ही भारतेंदु ने पात्रों के नामों तथा अनेक संदर्भ सूचकों को भारतीय रूप में ढालने की सफल चेष्टा की है। अनुवादक का उद्देश्य घटनाक्रम आदि को बिना बदले ही भारतीय दर्शकों को हेतु रूप देना ही है।

भारतेंदुजी ने 'मर्चेंट ऑफ वेनिस' के अनुवाद में कई परिवर्तन किए हैं। यद्यपि उन्होंने मूल कथा में कोई बदलाव नहीं किया तो भी खतरनाक स्वाधीनता का पूरी मात्रा में प्रयोग किया, यहाँ तक कि कथापात्रों और स्थानों के नामों का भारतीयकरण कर डाला और मिथकों, मुहावरों, कहावतों तथा लोकोक्तियों को भी उन्होंने भारतीय परिवेश के अनुसार ढाल दिया। उनका उद्देश्य अनूदित रचना को अधिकाधिक भारतीय जनता के करीब लाना ही था। पाश्चात्य परिवेश के स्थान पर भारतीय परिवेश लाने के प्रयास में भारतेंदुजी काफी सफल हुए हैं। उन्होंने शीर्षक के अनुवाद से लेकर मौलिकता दर्शायी। 'मर्चेंट ऑफ वेनिस' शीर्षक से किसी नगर के एक व्यापारी का पता लगता है। किंतु प्रस्तुत शीर्षक नाटक के मूल अभिप्रेत अर्थ को या किसी मुख्यपात्र के उल्लेखनीय चारित्रिक पहलू को सूचित नहीं करता है। मुख्यपात्र का परिचयात्मक संकेत देना इस शीर्षक का उद्देश्य रहा है। इस प्रकार पात्र और चरित्र के लिए परिचयात्मक भूमिका प्रदान करके भारतेंदु ने दिए शीर्षक से पाठकों में जिज्ञासा पैदा करने का भी प्रयास किया है।

भारतेंदु ने नाटक के सभी पात्रों के नामों का भारतीयकरण किया। अंग्रेज़ी ध्वनियों के समतुल्य ध्वनियों को चुनकर पात्रों का नाम दिया, इससे हिंदी और अंग्रेज़ी नाटक के पात्रों के नामों का उच्चारण लगभग समान हो गया। एक या दो नामों को छोड़कर बाकी सब सुनने-कहने में भी सुरीले हैं।

पुरुष पात्र–मूल	**अनुवाद**
एन्टोनियो	अनंत
सैलेरियो	सरल

बैसेनियो	बसंत
सोलेनियो	सलोने
लौरेंजो	लवंग
ग्रेशियनो	गिरीश
शाइलाक	शैलाक्ष
गौबो	गोप
लियोनाडो	लोरी
स्त्री पात्र–मूल	**अनुवाद**
पोर्शिया	पुरश्री
नैरिसा	नरश्री
जेसिका	जसोदा

पात्रों के समान कई स्थानों के नामों का भारतीयकरण कर डाला है। देखिए–

वेनिस	वंशपुर
बैलमोंट	बिल्वमठ
मोरैक्को	मोरकुटी

नाटक की शिल्प विधि की हर इकाई पर छाई अनुवादकीय छटा को और नाटक की व्यक्तिवाचक संज्ञाओं के इस साहित्यिक अनुवाद की प्रक्रिया को देखकर ज़ाहिर होता है कि भारतेंदु ने पाश्चात्य देश की धरती से एक नाटक के पौधे को उखाड़कर भारत की मिट्टी में रोपने का क्रांतिकारी प्रयास किया है। नाटक के आरंभ में भारतेंदुजी भूमिका या समर्पण के रूप में दो छंद प्रस्तुत करते हैं जो मूल नाटक में बिल्कुल नहीं हैं। इस मौलिक उद्भावना के ज़रिए नाटक की कथावस्तु एवं लक्ष्य के बारे में पाठक पहले से विदित हो जाता है–

दुर्ल्लभा गुणिनो सूराः दातारश्चाति दुर्लभा
मित्रार्थे व्यक्त सर्वस्वो बंधुस्सवैस्तु दुर्लभः[28]

भारतेंदु ने अनुवाद में मिथकों के प्रयोग में भी भारतीयकरण किया है। मूल भाषा में प्रयुक्त मिथक को छोड़कर, भारतीय संदर्भ में युक्त मिथक का प्रयोग किया है। जैसे 'ईसा मसीहा' संबंधी मिथक को छोड़कर अनुवाद में केवल 'देवता' का प्रयोग किया। कभी-कभी समतुल्य भारतीय मिथकों का प्रयोग किया। जैसे 'नेस्टर' को 'धर्मराज', 'ओरकिल' को 'वेदव्यास', 'सिबिला' को 'मार्कंडेय', 'डयाना'

को 'अंबालिका', 'वीरनस' को 'कामदेव', 'डानियल' को 'विक्रमादित्य' के रूप में परिवर्तित किया। अनुवाद में कहीं-कहीं संगीत योजना का प्रयोग भी किया है। दुर्लभबंधु नाटक के प्रथम दृश्य के समाप्त होने पर तुरही बजने का उल्लेख है। इस तरह एक पाश्चात्य नाटक को पूर्ण रूप से भारतीय बनाने का जादू केवल भारतेंदु ही कर सकते थे क्योंकि वे नाटककार से भी अधिक एक सफल रंगकर्मी युगद्रष्टा रहे थे।

भाषा और शैली

शेक्सपियर रोमांटिक कवि थे। उनके नाटकों की भाषा में भी स्वच्छंदतावादी संस्पर्श हुआ है। मूल रचना में जहाँ भी काव्यात्मकता की महक पाई हो वहाँ अनुवादक ने भी उसके समकक्ष काव्यात्मकता लाने का सृजनात्मक प्रयास किया है। लवंग कहता है–'The moon shines bright. In such a night as this, when the sweet did gently kiss the trees and they did make no noise, in such a night Triolus the thinks mounted the Troygn walls and signed his sould towards the Grecian tents, where cressid lay that night". लवंग के उक्त कथन में उसके दिल की भावुकता स्पष्ट है। अनुवाद की भाषा में भी मूल प्रसंग के भावुक क्षणों में जान भरने की क्षमता है। भारतेंदु का कवि हृदय प्रसंगानुकूल स्पंदित हो उठा। जैसे 'आहा चाँदनी क्या आनंद दिखा रही है। मेरे जान ऐसे ही रात में जबकि वायु इतना मंद चल रहा था कि वृक्षों के पत्तों का शब्द तक सुनाई न देता था, त्रिविक्रम दुर्ग की भीत पर चढ़कर कामिनी की राह ताकता हुआ, जो यवनपुर के खेमे में थी, हृदय से ठंडी साँस निकाल रहा था।'

भारतेंदु ने अनुवाद में प्रौढ़ता लाने के लिए रोजमर्रा के शब्द और मुहावरों का प्रयोग अधिक किया। 'ado to know myself' इस उक्ति के लिए भारतेंदु ने अनुवाद में एक मुहावरे का प्रयोग किया जैसे 'अपने आप से बाहर होना। हिंदी में बहुप्रचलित मुहावरा होने के कारण जनसामान्य के लिए इसकी स्वीकार्यता सहज बन पड़ी है। भाषा की प्रभविष्णुता की शक्ति को भी इससे बढ़ावा मिलता है। 'Blow me to anague'[29] के लिए 'कलेजा दहल जाना' मुहावरे के प्रयोग के द्वारा समतुल्य भावाभिव्यक्ति की है। "You are in love'[30] के लिए 'आँख लगना' आदि भी इसी कोटि में आता है।

नाटक के खास परिवेश को दृष्टि में रखकर भारतेंदु ने पात्रानुकूल और प्रसंगानुकूल भाषा का प्रयोग किया है। ऐसे कि प्रथम अंक के दूसरे दृश्य में नौकर

कहता है—बबुई साहिब—ऊ चारों आदमी आप से बिदा होए कै ठाढ़-होए और एक पाँचवाँ का हरकारा आयल हौ सो कहत हौ की मोरकुटी कै राजकुमार ओकर मालिक आज राती के इहाँ पहुँची हैं।[31] यह न शुद्ध भोजपुरी है और न शुद्ध बैसवाड़ी किंतु खड़ी बोली, भोजपुरी और बैसवाड़ी का मिश्रित रूप है। अनपढ़ असभ्य नौकर के लिए इस प्रकार की मिश्रित भाषा का प्रयोग बिल्कुल स्वाभाविक है। सभ्यपात्र, जैसे अनंत, बसंत, पुरश्री आदि खड़ी बोली में बातें करते हैं।

दुर्लभबंधु में मूल की अपेक्षा गीतों की कमी है। इसमें केवल सात कविताएँ तथा एक गीत प्राप्त है। कई विद्वानों ने नाटक में पद्यांश की कमी के कारण यह शंका प्रकट की है कि इस नाटक की पूर्ति भारतेंदु से नहीं हुई है। श्री गोपीनाथ तिवारी के अनुसार 'यदि भारतेंदुजी ने इस नाटक का अनुवाद पूर्ण किया होता तो यह असंभव ही न था कि उसमें काव्यांश मुखर न होता। ऐसा लगता है कि भारतेंदुजी ने इस अनूदित नाटक के अत्यंत अल्प अंश के संभवतः आरंभिक एक-दो दृश्यों को ही रचा था। यदि भारतेंदुजी ने इस नाटक को रुचिपूर्वक पूर्ण किया होता तो नाटक में 'काव्यांश' बहुत अधिक आया होता।'[32] भारतेंदु ने सारे पद्य ब्रज भाषा में ही लिखे हैं। जबकि उन्होंने गद्य के लिए खड़ी बोली का प्रयोग किया है।

कुछ विद्वानों ने भाषा और शैली की दृष्टि से इस अनुवाद की कटु आलोचना की है।[33] लेकिन हमें लगता है कि एक विदेशी भाषा नाटक का हिंदी अनुवाद प्राप्त करने में अनेक दृष्टियों से भारतेंदु ने सफलता प्राप्त की है। भाषा के क्षेत्र में भी नाटकीय भाषा को लक्ष्य भाषा के प्रेक्षक/पाठक के सामने रोचक ढंग से प्रस्तुत करने में वे सफल हुए हैं।

पाठकीय अनुक्रिया

दुर्लभबंधु पाठकीय अनुक्रिया की दृष्टि से सफल है। अपने मित्र बसंत के लिए अपने प्राणों की बाजी लगाने वाला, अनंत जैसा मित्र संसार में दुर्लभ ही है। कथ्य की प्रस्तुत विशेषता सभी पाठकों के मन में मित्रता के गठबंधन को दृढ़ करने की तथा मित्र के लिए आत्मसमर्पण की भावना उत्पन्न करते हैं। कथ्य के समर्पण में उत्पन्न भव्यता के कारण नाटक सभी पाठकों को आनंद प्रदान करने में सफल है। तत्कालीन रंगमंच पर शेक्सपियर नाटकों का मंचन अंग्रेज़ी भाषा में अंग्रेजों के लिए किया करते थे। लेकिन दुर्लभबंधु के हिन्दी अनुवाद से हिंदी पाठकों को विदेशी संस्कृति एवं नाट्य रीति को समझने का सुअवसर मिला है। अतः पाठकीय

अनुक्रिया की दृष्टि से भी हिंदी के लिए दुर्लभबंधु, बंधुत्व की नींव डालने में सक्षम प्रयास है। इसलिए इस अनूदित नाटक का योगदान स्वयं सिद्ध है।

भारतेंदु के अनूदित नाटकों का मंचीय योगदान

हिंदी नाट्य साहित्य एवं रंगमंच का दुर्भाग्य है कि हमारे नाटककारों के अनूदित नाटकों और विशेष रूप से अभिनीत नाटकों का पूरा विवरण और लेखा सुरक्षित रखने की प्रवृत्ति नहीं रही है। यही कारण है कि हिंदी रंग-जगत् के आरंभकालीन नाट्यानुवादों के विवरण एवं नाट्य प्रस्तृति मतभेदों में फँसे हुए हैं। या तो नहीं के बराबर हैं। आज भी यह समस्या है। इसलिए नेमिचंद्र जैन जी ने कहा कि "रंगकला अपने स्वभाव से ही क्षणजीवी है। वह रची जाने के साथ ही लुप्त हो जाती है। इसलिए अभी तक उसका कोई ऐसा लेखा-जोखा रखना बहुत मुश्किल होता था, क्योंकि मामूली जानकारी भी जमा करने के उपाय बहुत ही सीमित और दुर्लभ थे। किंतु आज अनेक साधन सुलभ हुए हैं। जिनके द्वारा हर तरह के रंगकार्य का रिकार्ड रखना तो संभव है, उसकी सुंदरता और भी किसी हद तक सुरक्षित रखी जा सकती है। रंगकर्म में लगे हुए और उसके महत्त्व को समझनेवाले लोगों की यह ज़िम्मेदारी है कि वे इस ओर भी जल्दी ही ध्यान दें।"[34] बात तो सही है कि इस लेखे के अभाव में यह कहना मुश्किल है कि हिंदी रंगमंच पर कितने नाटक अन्य भाषाओं से अनूदित हुए हैं और उनमें से कितने नाटक खेले गए हैं।

किसी भी अनूदित नाटक के मूल्यांकन में मंचीय योगदान सबसे महत्त्वपूर्ण है। लेकिन भारतेंदु द्वारा अनूदित कृतियों के मंचन के संबंध में बहुत ही कम सामग्री उपलब्ध है फिर भी अर्जित सामग्री के आधार पर यथासंभव मंचीय योगदान का विश्लेषण करना समीचीन रहेगा।

विद्यासुंदर

श्री मुल्कराज आनंद ने अपनी पुस्तक 'इंडियन थियेटर' में मध्यकालीन लोकप्रिय बांग्ला के नाटक 'विद्यासुंदर' का श्याम बाज़ार के अभिनय केंद्र में अभिनीत होने का उल्लेख किया है।[35] इसके अनन्तर अन्यान्य स्थलों पर भी रंगमंच के उद्देश्य से ही विभिन्न भाषाओं से नाटकों का अनुवाद किया। इसलिए इस पर कोई संदेह नहीं कि हिंदी क्षेत्र में विद्यासुंदर का प्रदर्शन हुआ है। लेकिन रंगमंच एवं नाटक के प्रति भारतीय साहित्य में हुए अवज्ञा के कारण प्रस्तुत नाटक के रंगमंचीय

योगदान के बारे में स्पष्ट विवरण नहीं मिला है। लेकिन हमारा विश्वास है कि इसका मंचन हुआ है। बांग्ला से हिंदी में अनूदित नाटकों का श्रीगणेश करने वाले प्रस्तुत नाटक मंच पर प्रस्तुत करने से ही अधिक लोकप्रिय हुए हैं। अभिनेयता की दृष्टि से अवश्य कह सकते हैं कि पूरे नाटक का प्रणयन एवं अनुवाद अभिनय को ध्यान में रखकर ही किया गया है। भारतेंदु ने रंगमंच के अनुकूल ही संगीत, दृश्य, ध्वनि, रूप-सज्जा आदि रंगशिल्प संबंधी तत्त्वों को संयोजित किया है।

अभिनय दृश्य योजना, संगीत, ध्वनि, रूप सज्जा आदि रंगमंचीय तत्त्वों के समुचित समन्वय से ही किसी भी नाटक की सफल प्रस्तुति हो पाती है। अगर उस प्रकार की एक प्रस्तुति संभव है तो कोई शक नहीं कि समग्र प्रभाव की दृष्टि से भी वह नाटक सफल रहेगा। प्रेक्षकीय अनुक्रिया भी नाट्य प्रस्तुति के साथ संबंधित है। बांग्ला में प्रेक्षकों ने विद्यासुंदर को स्वीकार किया है। हिंदी में भी तत्कालीन रंगमंच पर दो-एक स्थानों पर विद्यासुंदर की प्रस्तुति हो गई है। विद्या एवं सुंदर की प्रेम कहानी को देखकर प्रेक्षक प्रसन्न हो गए हैं। प्रस्तुत नाटक की लोकप्रियता का यह भी एक कारण बन गया है।

पाखंड विडंबन

पाखंड विडंबन के मंचीय योगदान के बारे में बताना थोड़ी-सी मुश्किल की बात है। प्रस्तुत नाटक का मंचन हुआ है या नहीं? इसका सीधा उत्तर देना कठिन-सा लगता है। पाखंड विडंबन की हिंदी प्रस्तुति के बारे में अब तक कोई ठोस सामग्री प्राप्त नहीं है। यद्यपि संस्कृत नाटकों की प्रस्तुति की एक विशेष परंपरा रही है। फिर भी आधुनिक काल में संस्कृत नाट्य-शैली में संस्कृत नाटकों के अनुवाद मंच पर प्रस्तुत हो रहे हैं। हिंदी रंगमंच के लिए पाखंड विडंबन का अनुवाद, प्रस्तुति के लिए पहला कदम है। इस दृष्टि से 'पाखंड विडंबन' के नाट्य पाठ का योगदान महत्त्वपूर्ण है।

पाखंड विडंबन रंगमंच के लिए सर्वथा उपयुक्त है। नाटककार ने रंगमंचीय दृष्टि से ही संपूर्ण सामग्रियों को संयोजित किया है। मूल नाटक के अनुसार ही प्रवेश, प्रस्थान आदि के अभिनयात्मक संकेत पृथक ही दिए हैं। केवल एक अंक होने के कारण दृश्य सज्जा में कोई समस्या नहीं उठती है। संवाद भी सरल और पात्रानुसार है। संवादों में रंगमंचीय प्रभाव व्यंजकता है। भाषागत प्रोज्वलता नाटक के स्थायी मान को बढ़ाती है। अतः अभिनेयता की दृष्टि से भी पाखंड विडंबन का लक्ष्य भाषा के लिए योगदान रहा है।

नाट्य प्रस्तुति में संवाद, पात्र-चरित्र, दृश्यविधान, शब्द-योजना आदि की

दृष्टि से ही प्रेक्षक प्रभावित हो जाते हैं। शांति की दयनीय अवस्था प्रेक्षक को प्रभावित करने वाली है। बौद्ध भिक्षुक, कापालिक, सोमसिद्धांत आदि के प्रति प्रेक्षकों के मन में विद्वेष फैलाना स्वाभाविक है। तो भी समग्र प्रभाव की दृष्टि से पाखंड विडंबन के बारे में समग्र विवेचन करना कठिन-सा लगता है। क्योंकि नाट्य प्रस्तुति के बारे में ठोस लेखा-जोखा का अभाव है। अनूदित नाटक के मूल्यांकन के लिए अनिवार्य तत्त्व है प्रेक्षकीय अनुक्रिया। लेकिन पाखंड विडंबन की प्रस्तुति के बारे में स्पष्ट विवरण के अभाव के कारण प्रेक्षकीय अनुक्रिया की दृष्टि से प्रस्तुत नाटक का विवेचन असंभव-सा लगता है।

धनंजयविजय

धनंजयविजय की रंगमंचीय सफलता के बारे में विद्वानों में मतभेद हैं। रंगमंचीय दृष्टि से प्रस्तुत नाटक को 'वीरेन्द्रकुमार शुक्ल' ने 'भारतेंदुजी का असफल प्रयास' कहा है।[36] इसकी आलोचना करते हुए श्री गोपीनाथ तिवारी ने धनंजयविजय को ''भारतेंदु की मौलिकता'' बताया है। उनके अनुसार यदि प्रस्तुत नाटक रंगमंचीय दृष्टि से असफल हो तो उसकी जिम्मेदारी स्वयं मूल नाटककार पर है, भारतेंदु ने तो केवल अनुवाद ही किया है, अनूदित नाटक में अभिनय संबंधी गुण-दोष देखना उचित नहीं है।[37]

वास्तव में धनंजयविजय के संवादों में रंगमंचीय अभिनय उपयोगिता का नितांत अभाव है। अभिनय की दृष्टि से कथानक के दृश्य व्यापार रंगमंचीय योजना के अनुपयुक्त-सा प्रतीत होता है। नेपथ्य कथनों की लंबाई अभिनेयता के सौंदर्य का ह्रास करता प्रतीत होती है। इस प्रकार भारतेंदु के अन्य अनूदित नाटकों की अप्रेक्षा प्रस्तुत नाटक को रंगमंचीय दृष्टि से सफल नहीं कह सकते हैं। लेकिन किसी भी नाटक की नाट्य प्रस्तुति निर्देशकीय प्रतिभा की माँग करती है। नाटक का मंचन किस शैली में होना है, यह तय करने वाला निर्देशक ही है। आज के बैज्ञानिक युग में नाट्य मंचन की अनेक शैलियाँ प्रचलित हैं। अतः धनंजयविजय को भी मंच पर सफल ढंग से प्रस्तुत कर सकते हैं। लेकिन सृजनात्मक कलाकार जैसे निर्देशक, अभिनेता का संयोग नितांत आवश्यक है।

मुद्राराक्षस

संस्कृत के प्रसिद्ध नाटक मुद्राराक्षस की अनेक प्रस्तुतियाँ हो चुकी हैं। संस्कृत में और हिंदी में संस्कृत नाट्य शैली के अनुसार प्रणयित मुद्राराक्षस का मंचन भी संस्कृत नाट्य शैली में हुआ है। नाटक के अंक एवं दृश्य अनुवाद की स्वतंत्र

कल्पना है। जैसे चाणक्य का घर, राजपथ, राजभवन की अटारी, मंत्री राक्षस के घर के बाहर का प्रांत, नगर से बाहर सड़क, सूली देने का मसान आदि। अनुवादक ने मूल कृति से हटकर स्वतंत्र रूप से लक्ष्य भाषा के अनुकूल नाटक का अनुवाद किया है अतः प्रस्तुति भी हिंदी भाषी लोगों के लिए रुचिकर बनाना स्वाभाविक है। अभिनेयता की दृष्टि से राक्षस, चंद्रगुप्त, चाणक्य जैसे इतिहास प्रसिद्ध पात्रों को मंच पर प्रस्तुत करना आसान नहीं है। वस्तुतः सृजनात्मक एवं कल्पनाशील अभिनेयताओं की माँग करने वाला नाटक है मुद्राराक्षस। नाटक में संगीत एवं ध्वनि का प्रयोग भी पात्रों की मानसिक अवस्था के अनुकूल एवं वातावरणानुमोदित है। नाट्य प्रयोग अपने आप में प्रयोगात्मक हैं अतः अनूदित मुद्राराक्षस के प्रयोगों में विशेष विवरण से ही मंचीय योगदान का विश्लेषण कर सकता है। मुद्राराक्षस जैसे प्रसिद्ध नाटकों की प्रस्तुति अपने आप में कठिन है। भारतेंदु हरिश्चंद्र ने ऐसे नाटकों का अनुवाद करके नाट्यप्रस्तुति के लिए राह बना दी है। इस दृष्टि से मुद्राराक्षस का योगदान महत्त्वपूर्ण है।

कर्पूरमंजरी

भारतेंदु के अन्य अनूदित नाटकों के समान कर्पूरमंजरी के मंचन के बारे में भी स्पष्ट लेखा-जोखा नहीं मिला है। इसलिए प्रस्तुत नाटक के मंचीय योगदान के बारे में विशद चर्चा करना असंभव-सा लगता है। कर्पूरमंजरी की भाषा और संवाद रंगमंच के अनुकूल है। लेकिन अभिनय में व्यवधान प्रस्तुत करने वाले दृश्य भी नाटक में हैं जैसे भैरवानंद द्वारा तंत्र बल से कर्पूरमंजरी का मंच पर उपस्थित होना, कर्पूरमंजरी का धनसार मंजरी हो जाना और उसका मंच पर आना जाना तथा तिलक, अशोक और कुरवक में दोहद उत्पन्न करना आदि। लेकिन मंच पर सृजनशील कलाकारों के माध्यम से प्रस्तुत नाटक का मंचन हो सकता है।

दुर्लभबंधु

अंग्रेज़ी में मर्चेंट ऑफ वेनिस की प्रस्तुति अनेक निर्देशकों ने की है। इसलिए स्पष्ट है कि प्रस्तुत नाटक को प्रभावोत्पादक ढंग से मंच पर प्रस्तुत कर सकते हैं। लेकिन 'दुर्लभबंधु' के मंचन के बारे में स्पष्ट विवरण नहीं मिलने के कारण, मंचीय योगदान के बारे में चर्चा करना अनुचित-सा लगता है।

अभिनेयता की दृष्टि से दुर्लभबंधु का अनुवाद सफल है। देशीय संस्कृति के अनुकूल इसकी प्रस्तुति संभव है। लेकिन अभिनेता एवं अन्य रंगकर्मियों को,

सोच-समझकर और विशद् पठन-पाठन करके इसकी प्रस्तुति में भाग लेना ज़रूरी लगता है। हिंदी में दुर्लभबंधु की विख्यात प्रस्तुति अब तक नहीं हुई है। भारतेंदु के प्रस्तुत अनुवाद के आधार पर एक विख्यात प्रस्तुति की तैयारी कर सकते हैं। यह बात स्पष्ट है कि इसका मंचीय योगदान अनेक दृष्टियों से महत्त्वपूर्ण है।

भारतेंदु के अनूदित नाटक : प्रकार्य की दृष्टि से

पहले ही बताया जा चुका है कि प्रकार्य का मतलब प्रयोजन है और इसके अंतर्गत जड़-अनुवाद और गतिशील अनुवाद भी हो सकता है। अगर अनूदित नाटकों का प्रयोजन संभव है तो गतिशील होना चाहिए। भारतेंदु के अनूदित नाटकों में गतिशीलता है। लेकिन यह गतिशीलता युगानुकूल कह सकते हैं। कुछ नाटकों का अनुवाद मंच पर प्रस्तुत किया गया है लेकिन कुछ नाटकों का अध्ययन पाठ्य नाटक के रूप में भी किया गया। लेकिन इन दो तरह की कृतियों की एक सामाजिक भूमिका है। प्रकार्य के अंतर्गत इन भूमिकाओं का विश्लेषण करने की कोशिश करेंगे।

प्रेमविवाह से उत्पन्न आपत्तियों को पाठकों के मन में पहुँचाने में विद्यासुंदर सफल निकला था। विवाह से पूर्व पति-पत्नी को एक-दूसरे को जानना चाहिए। आज हमारे समाज में प्रेम विवाह के फलस्वरूप युवक और युवती अपनी वासना की पूर्ति करते हैं, इसके लिए वे अपने अभिभावकों को उत्तरदायी नहीं बनाना चाहते हैं। इससे उत्पन्न आपत्तियों से वे अज्ञ हैं। इसका चित्रण करके, उसे पाठकों के भीतर पहुँचाने में विद्यासुंदर का अनुवाद सफल है। दूसरी ओर बंगाली संस्कृति को पहचानने में भी नाट्यानुवाद का योगदान है।

सामाजिक अवस्था की दयनीय स्थिति समझाने में तथा इस दूषित अवस्था से बचने की प्रेरणा देने में 'पाखंड विडंबन' ने महत्त्वपूर्ण कार्य किया है। साधुओं के जीवन की मूर्खता, विलासिता तथा व्यभिचार तत्कालीन समाज को भी जर्जरित कर रहे थे जिससे कि 'श्रद्धा' की दुर्दशा हो रही थी। 'श्रद्धा' की व्यथा एवं 'शांति' की पुकार से भारतेंदुजी का भी हृदय मर्माहत हुआ था। अतः इस नाटक में उनके हृदय के क्षोभ और समाज की धार्मिक दुर्दशा का चित्रण है। जिसे लक्ष्य भाषा भाषियों ने स्वीकार किया है जिसका प्रत्यक्ष प्रमाण यह है कि तत्कालीन समाज में इस प्रकार के पाखंडियों के विरुद्ध आक्रोश फैला है।

जन-जीवन में फैली झुठाई के कणों को तोड़कर सच्चाई का पुनः स्थापन 'धनंजयविजय' नाटक के अनुवाद से संभव हो गया है। धोखेपन को दूर करने

का आह्वान ही प्रस्तुत नाटक में गूँजता हैं। 'व्यायोग' जैसे नाट्य रूप का परिचय भी प्रस्तुत अनुवाद से संभव हो गया।

संस्कृत साहित्य में मुद्राराक्षस अकेला सबसे प्राचीन राजनीतिक नाटक है। संभवतः इसकी अद्वितीयता या एकाकीपन ने ही भारतेंदुजी को आकर्षित किया एवं उन्होंने इस नाट्य कृति का अनुवाद कर डाला। इस अनुवाद में उन्होंने सामाजिक दायित्व समझकर समाज में अवश्य वीरता का चित्रण किया है। अतः शृंगार रस को छोड़कर देश प्रेम को स्वीकार किया है। जो तत्कालीन राजनीति एवं सामाजिक उद्धार के लिए सर्वथा उपयुक्त था। भारतेंदु के अनूदित नाटकों में केवल मुद्राराक्षस में देशप्रेम का स्वर गूँजता है। देश की उन्नति के लिए किसी न किसी छल से या कूटनीति से कुछ भी कर सकेगा। चाणक्य की कूटनीति अपने लिए नहीं, बल्कि अपने देश के लिए है। मुद्राराक्षस से यह देशप्रेम का स्वर ही लक्ष्य भाषियों को मिला है।

प्रकार्य की दृष्टि से कर्पूरमंजरी को सफल कह सकते हैं। तत्कालीन राज-परिवार पर योगियों के बढ़ते हुए प्रभाव को पाठकों के मन में पहुँचाने में प्रस्तुत नाट्यानुवाद को सफल पाया है। तत्कालीन समाज के आर्य जन के भीतर प्रवेश करके यवन लोगों ने तन्त्र-योगी जनों की सहायता से निकृष्ट प्रवृत्तियों का प्रारंभ किया था। इसी प्रवृत्ति से आर्य जन को अपने सात्विक वृत्ति की ओर बदलने के लिए भी भारतेंदु ने भैरवानंद के माध्यम से इस नाटक का अनुवाद किया।

जनता के भीतर मित्रता का संदेश पहुँचाने में 'दुर्लभबंधु' सफल पाया गया है। मित्रता की सार्वजनिक भावना को उजागर करने वाली तत्कालीन विशेषताओं की झलक 'दुर्लभबंधु' में भी पायी जाती है। भारतेंदु को ऐसा लगा होगा कि 'मर्चेंट आफ वेनिस' की अंदरूनी भावधारा उस समय के भारतीय परिवेश के लिए नितांत ज़रूरी है क्योंकि अंग्रेज़ी सत्ताधारियों से लड़ने और अपने ही देश के मित्रों से जुड़ने के लिए ऐसी एक भावधारा की सख्त आवश्यकता है।

भारतेंदु के अनूदित नाटकों का सांस्कृतिक योगदान

बिना अनुवाद के संसार का कोई भी साहित्य आज तक उन्नति नहीं कर सका है। एक जाति दूसरे को पूर्णतः समझने के लिए सबसे पहले एक-दूसरे के साहित्य एवं कला को समझने का प्रयत्न करती है। नाटक का अनुवाद करके दूसरी जाति एवं प्रदेश के सांस्कृतिक पहलुओं को देखने-परखने और समझने का अवसर प्राप्त

करते हैं। अतः सभी मनुष्य एक-दूसरे से मिलकर अपने अस्तित्व की रक्षा के निमित्त एक-दूसरे से सांस्कृतिक संबंध स्थापित कर उन्हें दृढ़ से दृढ़तर बनाने का प्रयत्न करते हैं। इस दृष्टि से अनूदित नाटकों के सांस्कृतिक योगदान का विश्लेषण सबसे महत्त्वपूर्ण बन सकता है। भारतीय समाज एवं राजनीति के परिप्रेक्ष्य में भारतेंदु के अनूदित नाटकों के सांस्कृतिक योगदान का विश्लेषण महत्त्वपूर्ण है।

विद्यासुंदर बांग्ला से अनूदित नाट्य कृति है। सांस्कृतिक एवं भौगोलिक दृष्टि से बंगाल के साथ हिंदी का घनिष्ठ संबंध है, इतना ही नहीं कि बांग्ला से बहुत कुछ सीखने की ओर भारतेंदु नें जिक्र किया है। "यद्यपि हिंदी भाषा में दस-बीस नाटक बन आये हैं। किंतु हम यही कहेंगे कि अभी इस भाषा में नाटकों का बहुत ही अभाव है। आशा है कि काल की क्रमोन्नति के साथ ग्रंथ भी बनते जाएँगे और अपनी संपत्ति शालिनी ज्ञान वृद्धा बड़ी बहन बंग भाषा के अक्षय रत्न भंडार की सहायता से हिंदी भाषा बड़ी उन्नति करे।"[38] स्पष्ट है कि इसी के आधार पर उन्होंने विद्यासुंदर का अनुवाद किया है। बंगाल के तत्कालीन नाट्यरीति तथा उस प्रदेश विशेष की संस्कृति के साथ आदान-प्रदान करना हिंदी रंगमंच के लिए अत्यंत ज़रूरी समझा था। अतः विद्यासुंदर का सांस्कृतिक योगदान महत्त्वपूर्ण कहा जा सकता है।

पाखंड विडंबन में भारतेंदुजी ने अपनी पूर्व युगीन सामाजिक अवस्था दिखाकर समसामयिक युग का चित्रण करने की कोशिश की है। संस्कृत की सांस्कृतिक परंपरा को समकालीन बनाने का प्रयास अत्यंत महत्त्वपूर्ण है। सांप्रदायिक भावनाओं से दूषित श्रद्धा को बचाने का आह्वान ही नाटक में गूँजता है। मदिरा और नारी से आकर्षित होकर अपने 'सत्व' को भूलने वाले आधुनिक मानव के 'सांस्कृतिक सूखापन' की ओर नाटककार दृष्टिपात करते हैं। इस सांस्कृतिक सूखापन से सांस्कृतिक संपन्नता की ओर यात्रा केवल यथार्थ भक्ति से ही संभव है। नहीं तो अपना अस्तित्व भूलकर मनुष्य आपत्ति में पड़ जाए। यही दिखाना भारतेंदुजी का उद्देश्य था। ऐसा लगता है कि भारतेंदु की सांस्कृतिक दृष्टि पूर्ण रूप से देशीय है और एक सामाजिक संस्कृति की नींव डालने में प्रस्तुत अनुवाद का अपना योगदान रहा है।

धनंजयविजय पूर्णतः पौराणिक समाज एवं संस्कृति से जुड़ा हुआ है। भारतेंदु का प्रस्तुत अनुवाद तत्कालीन समाज को अपने संस्कृति और अस्तित्व के प्रति जागरूकता जाग्रत करने में सहायक बन गया है। भारतेंदुजी ने अर्जुन के द्वारा

तत्कालीन भारतीय जनता में वीरता जगाने का प्रयास किया है। इस प्रकार धनंजय-विजय का सांस्कृतिक योगदान महत्त्वपूर्ण है।

गुप्त काल में देश की जो दयनीय अवस्था थी, जिसे चाणक्य जैसे महात्मा ने पुनः निर्माण किया। इसी ऐतिहासिक घटना को लेकर तत्कालीन देश की सामाजिक एवं राजनीतिक अवस्था का उद्धार करने के उद्देश्य से ही भारतेंदुजी ने मुद्राराक्षस का अनुवाद किया है। इस लक्ष्य प्राप्ति के लिए देश के सांस्कृतिक मूल्यों का सूक्ष्म ढंग से प्रयोग किया गया है। नीति, मर्यादा, सत्य, धर्म आदि तत्त्वों को सर्वोच्च स्थान दिया गया है। अतः भारतीय सांस्कृतिक मूल्यों की रक्षा करना युग सापेक्ष विषय है। क्योंकि भारतेंदु युग सांस्कृतिक संघर्ष का युग था। अपनी निजी पहचान के बिना किसी भी राष्ट्र का उद्धार एवं सामाजिक संगठन संभव नहीं है। स्वाभाविक है कि भारतेंदु जैसे युग द्रष्टा ने भारत जैसे महान देश के पुराण एवं इतिहास के ज्ञान-भंडार से उपयुक्त तथ्यों का उपयोग किया है। मुद्राराक्षस का सांस्कृतिक योगदान सामाजिक दृष्टि से परखना ही संगत है।

तांत्रिक सिद्ध ने अपने दुराचरण और चमत्कृतिपूर्ण व्यवहारों से राजकुल तथा जनसाधारण का सदाचारमय जीवन संकट में डाल दिया था, जो भारत के अधःपतन का कारण बना। भारत को अधःपतन से बचाने के लिए जन जागरण आवश्यक था। कर्पूरमंजरी के द्वारा भारतेंदुजी ने वही कार्य किया, जिसने देश को सांस्कृतिक पतन से एक हद तक बचाया।

दुर्लभबंधु वैसे ही एक दूसरे देश की संस्कृति के साथ जुड़े हुए हैं। भारतेंदु का महत्त्व इसमें है कि मूल कथ्य को लेकर उन्होंने उसे भारतीय बनाने की कोशिश की। अतः देश की सांस्कृतिक झलक छूट गई है। फिर भी शेक्सपियर युग की नाट्य रीतियों को समझने में प्रस्तुत अनुवाद का पर्याप्त प्रभाव है।

भारतेंदु के अनूदित नाटकों का मूल्यांकन करने के पश्चात् आसानी से इस निष्कर्ष पर पहुँच सकते हैं कि तत्कालीन सामाजिक एवं साहित्यिक दृष्टि से भारतेंदु की अनूदित कृतियों का योगदान सबसे महत्त्वपूर्ण है। साहित्यिक योगदान की दृष्टि से भारतेंदु द्वारा अनूदित बांग्ला नाटक, अंग्रेज़ी नाटक, संस्कृत नाटक, प्राकृत नाटक आदि का अपना-अपना निजी महत्त्व है। एक ओर अन्य भारतीय भाषाओं से हिंदी में नाट्यानुवाद की परंपरा की शुरुआत विद्यासुंदर ने की तो दूसरी ओर बंगाल के लोक साहित्य में प्रचलित प्रेम कहानी हिंदी पाठकों के सामने प्रस्तुत की गई। 'रत्नावली', 'पाखंड-विडंबन', 'धनंजयविजय', 'मुद्राराक्षस' आदि संस्कृत नाटकों का अनुवाद करके संस्कृत में प्रचलित नाट्य शैलियों के साथ-साथ भारतीय

संस्कृति के अनुकूल धर्म, नीति, सत्य आदि से संबंधित अनेक विषयों को हिंदी में प्रस्तुत किया गया है। अंग्रेज़ी से 'दुर्लभबंधु' का अनुवाद कर विश्व बंधुत्व की स्थापना जैसे सार्वजनिक तथ्य को हिंदी में प्रस्तुत किया गया है। प्राकृत से 'कर्पूरमंजरी' का अनुवाद करके सामाजिक उद्धार जैसे संगत विषयों की ओर हिंदी साहित्यकारों का ध्यान आकृष्ट कर दिया। इन सभी अनुवादों का कथ्य, शिल्प, भाषा और शैली और पाठकीय अनुक्रिया की दृष्टि से महत्त्वपूर्ण स्थान है।

यद्यपि भारतेंदु ने भारतेंदु मंडली की स्थापना करके बहुत से नाटकों की प्रस्तुति की, फिर भी अनूदित कृतियों की प्रस्तुति से संबंधित सामग्रियों के अभाव के कारण मंचीय योगदान का एक समग्र मूल्यांकन नहीं हो पाया है। लेकिन ये अनूदित कृतियाँ रंगमंचीय संभावनाओं से संपन्न हैं। अतः सृजनशील कलाकारों के संयोग से इन नाट्य कृतियों की प्रस्तुति संभव है। और हिंदी रंगमंच को समृद्ध बनाने में इन कृतियों का स्थान अद्वितीय रहेगा। संस्कृत नाट्याभिनय शैली का अनुसरण कर मुद्राराक्षस, धनंजयविजय, आदि की प्रस्तुति कर सकते हैं। या अन्य किसी भी प्रस्तुतीकरण शैली के आधार पर भारतेंदु द्वारा अनूदित कृतियों का मंचीकरण संभव है।

भारतेंदु के अनूदित नाटक प्रयोजन की दृष्टि से अत्यंत सफल सिद्ध हुए हैं। क्योंकि तत्कालीन सामाजिक कुरीतियों, राजनीतिक हथकंडों, धार्मिक कुरीतियों से मुक्त समाज का संकल्प साहित्यकारों का लक्ष्य था। अतः नाटककार एवं रंगकर्मी भी इसी लक्ष्य प्राप्ति के लिए प्रयत्नशील रहते थे। समाज का कुरीतियों से उद्धार करना,. मिथ्याडंबरों को समाप्त करना और आज़ादी हासिल करने की कोशिश करना आदि भारतेंदु द्वारा अनूदित नाटकों का मूल प्रयोजन है।

हर एक देश की अपनी एक सांस्कृतिक परंपरा रहती है। अपनी सांस्कृतिक परंपरा को जाने-पहचाने बिना कोई भी समाज आगे नहीं बढ़ सकता है। भारतेंदु ने इसी तथ्य को सही ढंग से पहचान लिया था। अतः उनकी मूल कृतियों के समान अनूदित कृतियों में भी अपने देश की संस्कृति को सर्वोच्च स्थान दिया गया है। विभिन्न देशी संस्कृतियों में बाँटे गए भारत की सामाजिक संस्कृति को उन्होंने पहचान लिया था। इतना ही नहीं 'दुर्लभबंधु' के अनुवाद से एक मानवीय संस्कृति की संकल्पना उन्होंने की। अतः निष्कर्ष रूप में हम कह सकते हैं कि भारतेंदु के नाटकों का सांस्कृतिक योगदान आज के लिए ही नहीं कल के लिए भी संगत रहेगा।

संदर्भ

1. भारतेंदु ग्रंथावली, पृ. 753
2. हिंदी नाटक साहित्य का इतिहास–डॉ. सोमनाथ गुप्त (द्रष्टव्य भानुदेव शुक्ल, पृ. 260)
3. सुशीला धीर–भारतेंदु युगीन नाटक, पृ. 170
4. वही, पृ. 171
5. हिंदी नाटक और रंगमंच–डॉ. विश्वनाथ प्रसाद–नई धारा, अप्रैल-मई 1952, द्रष्टव्य–भानुदेव शुक्ल, पृ. 273
6. मिश्र बंधु विनोद–तीसरा भाग–द्रष्टव्य, पृ. 273
7. डॉ. माहेश्वर–हिंदी बांग्ला नाटक, पृ. 94
8. भारतेंदु हरिश्चंद्र–डॉ. लक्ष्मीसागर वार्ष्णेय, पृ. 72
9. हिंदी नाटक उद्‌भव और विकास–डॉ. दशरथ ओझा, पृ. 203
10. रत्नावली भूमिका–भारतेंदु ग्रंथावली, भाग-1
11. वही
12. ब्रजरत्नदास–भारतेंदु नाटकावली–भाग-1, पृ. 28, द्रष्टव्य है–भारतेंदु साहित्य–डॉ. रामचन्द्र मिश्र, पृ. 131
13. डॉ. दशरथ ओझा–हिंदी नाटक उद्‌भव और विकास, पृ. 153
14. डॉ. माहेश्वर–हिंदी बांग्ला नाटक, पृ. 99
15. डॉ. बच्चन सिंह–हिंदी नाटक, पृ. 25
16. डॉ. दशरथ ओझा के हिंदी नाटक उद्‌भव और विकास से उद्धृत, पृ. 150
17. वही
18. वही, पृ. 151
19. डॉ. दशरथ ओझा–हिंदी नाटक उद्‌भव और विकास, पृ. 151, 152
20. गोपीनाथ तिवारी–भारतेंदु के नाटकों का शास्त्रीय अनुशीलन, पृ. 92
21. डॉ. वीरेन्द्रकुमार शुक्ल–भारतेंदु का नाट्य साहित्य, पृ. 123
22. डॉ. रामचंद्र मिश्र–भारतेंदु साहित्य, पृ. 118
23. दशरूपक–3-60/61 एवं साहित्य दर्पण, 6-232/233–गोपीनाथ तिवारी के 'भारतेंदु के नाटकों का शास्त्रीय अनुशीलन' से उद्धृत, पृ. 111
24. मुद्राराक्षस–भारतेंदु ग्रंथावली–सं. शिवप्रसाद मिश्र, पृ. 379
25. गोपीनाथ तिवारी–भारतेंदु के नाटकों का शास्त्रीय अनुशीलन से उद्धृत, पृ. 188
26. ब्रजरत्नदास–भारतेंदु ग्रंथावली, भाग-2, पृ. 28
27. रामचंद्र मिश्र–भारतेंदु साहित्य, पृ. 131
28. दुर्लभबंधु–भारतेंदु ग्रंथावली–सं. शिवप्रसाद मिश्र, पृ. 555
29. मर्चेंट ऑफ वेनिस–शेक्सपियर, पृ. 58, 59
30. वही
31. दुर्लभबंधु–भारतेंदु ग्रंथावली–सं. शिवप्रसाद मिश्र, पृ. 568
32. गोपीनाथ तिवारी–भारतेंदु के नाटकों का शास्त्रीय अनुशीलन, पृ. 262

33. (क) मूल नाटक की भाषा अत्यंत सशक्त, अलंकृत, सरस और काव्यात्मक है जो अनुवाद में नीरस और सामान्य बन गई है–गोपीनाथ तिवारी, भारतेंदु के नाटकों का शास्त्रीय अनुशीलन, पृ. 295

(ख) 'अनुवाद की भाषा की ओर दृष्टि देने पर ज्ञात होता है कि भाषा न अधिक ओजस्वी है और न अधिक शिथिल'–श्री ब्रजरत्नदास, भारतेंदु ग्रंथावली, भाग-2, पृ. 29-30

34. कला वार्ता–अक्तूबर-नवंबर 1983, 'समकालीन रंगकर्म को मरने से बचाइए', नेमिचंद्र जैन

35. "Under the influence of these theatres the landed gentry of Bengal have private shows of which one of the first was the popular medieval drama, vidyasundar, enacted by a cast of woman as well as men in the house of Nahinchandra Basu in Syambazar". "The Indian Theatre" —Dr. Mulkraj Anand.

36. वीरेन्द्रकुमार शुक्ल–भारतेंदु का नाट्य साहित्य, पृ. 128

37. गोपीनाथ तिवारी–भारतेंदु के नाटकों का शास्त्रीय अनुशीलन, पृ. 113

38. नाटक–भारतेंदु हरिश्चंद्र, भारतेंदु ग्रंथावली (नाटक), पृ. 790

उपसंहार

अनूदित कृतियों के मूल्यांकन के लिए अनेक पद्धतियाँ प्रचलित हैं। लेकिन हिंदी में नाट्यानुवाद का अध्ययन उतना अधिक विकसित क्षेत्र नहीं है। यद्यपि भारतीय एवं विदेशी भाषाओं से बहुत से नाटकों का अनुवाद एवं प्रस्तुति हिंदी में हो चुकी है। फिर भी सही मूल्यांकन की दृष्टि से इन अनूदित नाटकों का अध्ययन नहीं के बराबर है। नाटक की तरह नाट्यानुवाद भी रंगमंच के लिए होता है। नाट्यानुवाद के मूल्यांकन के लिए 'प्रयोजन मूलक मूल्यांकन पद्धति' ही सर्वत्र उचित लगती है। इसके अंतर्गत लक्ष्य भाषा के लिए अनूदित कृति का साहित्यिक योगदान, मंचीय योगदान, प्रकार्य एवं सांस्कृतिक योगदान का मूल्यांकन कर सकते हैं। 'साहित्यिक योगदान' के अंतर्गत कथ्य, शिल्प, भाषा-शैली, पाठकीय अनुक्रिया आदि तत्त्वों को ले सकते हैं, और 'मंचीय योगदान' के अंतर्गत अभिनेयता, समग्र प्रभाव, प्रेक्षकीय अनुक्रिया आदि। 'प्रकार्य' में नाटक का प्रयोजन क्या है? इस संबंध में विचार करना है। सांस्कृतिक योगदान में देशीय संस्कृति एवं सामासिक संस्कृति को बनाए रखने में अनूदित कृतियों के योगदान का मूल्यांकन कर सकते हैं।

प्रस्तुत मूल्यांकन पद्धति के आधार पर भारतेंदु के अनूदित नाटकों का मूल्यांकन करने के पश्चात् आसानी से इस निष्कर्ष पर पहुँच सकते हैं कि तत्कालीन सामाजिक एवं साहित्यिक दृष्टि से भारतेंदु की अनूदित कृतियों का योगदान सबसे महत्त्वपूर्ण है। साहित्यिक योगदान की दृष्टि से भारतेंदु द्वारा अनूदित बांग्ला नाटक, अंग्रेज़ी नाटक, संस्कृत नाटक, प्राकृत नाटक आदि का अपना-अपना निजी महत्त्व है। एक ओर अन्य भारतीय भाषाओं से हिंदी में नाट्यानुवाद की परंपरा की शुरुआत 'विद्यासुंदर' ने की तो दूसरी ओर बंगाल के लोक साहित्य में प्रचलित प्रेम कहानी हिंदी पाठकों के सामने प्रस्तुत की गयी। रत्नावली, पाखंड विडंबन, धनंजयविजय,

मुद्राराक्षस आदि संस्कृत नाटकों के अनुवाद से संस्कृत में प्रचलित नाट्यशैलियों के साथ-साथ भारतीय संस्कृति से संबंधित धर्म, नीति, सत्य आदि अनेक विषयों को हिंदी में प्रस्तुत किया गया है। अंग्रेज़ी से 'दुर्लभबंधु' का अनुवाद कर 'विश्वबंधुत्व भावना' को हिंदी में प्रस्तुत किया गया है। प्राकृत से 'कर्पूरमंजरी' का अनुवाद करके सामाजिक उद्धार जैसे संगत विषयों की ओर हिंदी साहित्यकारों का ध्यान आकृष्ट किया गया है। इन सभी अनुवादों का कथ्य, शिल्प, भाषा और शैली और पाठकीय अनुक्रिया की दृष्टि से महत्त्वपूर्ण स्थान है। भारतेंदु द्वारा अनूदित कृतियों की प्रस्तुति से संबंधित सामग्रियों के अभाव के कारण, प्रस्तुत कृतियों के मंचीय योगदान का एक समग्र मूल्यांकन नहीं हो पाया है। लेकिन यह अनूदित कृतियाँ रंगमंचीय संभावनाओं से संपन्न हैं। अतः सृजनशील कलाकारों के संयोग से इन नाट्य कृतियों की प्रस्तुति संभव है और हिंदी रंगमंच को समृद्ध बनाने में इन कृतियों का स्थान अद्वितीय रहेगा।

□□